HET IS GELUKKIG NIET BEWOLKT VANDAAG

 **Het is gelukkig niet bewolkt vandaag**

 **Bob Blinkhof**

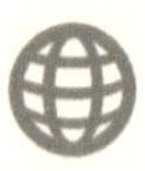 **www.bobblinkhof.nl**

Meer van de fotograaf:
www.olofwessels.com

HET IS GELUKKIG NIET BEWOLKT VANDAAG

Bob Blinkhof

Uitgeverij IJmond

HET IS GELUKKIG NIET BEWOLKT VANDAAG

Bob Blinkhof

Copyright teksten
© Bob Blinkhof, 2017

Copyright foto's
© Olof Wessels, 2017

Uitgever
Uitgeverij IJmond

Omslagontwerp en design binnenwerk
Bob Blinkhof, Monique Elsing en Olof Wessels

Realisatie
Jeroen Bakker en Monique Elsing

Tekstredactie
Margreet de Roo, Maneno tekstredactie

Poëziebundel
ISBN 9789492469007
NUR 306

OPGEDRAGEN AAN

Mijn ouders en zusje die accepteerden, waardoor ik in liefde en veilige gehechtheid kon opgroeien. En aan de personen die mij leerden dat ervaren van waar geluk in dit leven soms ook afscheid nemen betekent. En aan Thomas, die mij leerde hoe vervullend liefde kan zijn als die van de andere kant wordt beantwoord.

VOORWOORD

ik zit te dichten
denk
droom
doe maar wat

ik schrijf wat er in me opkomt
nu: een beetje van dit
straks: een beetje van dat

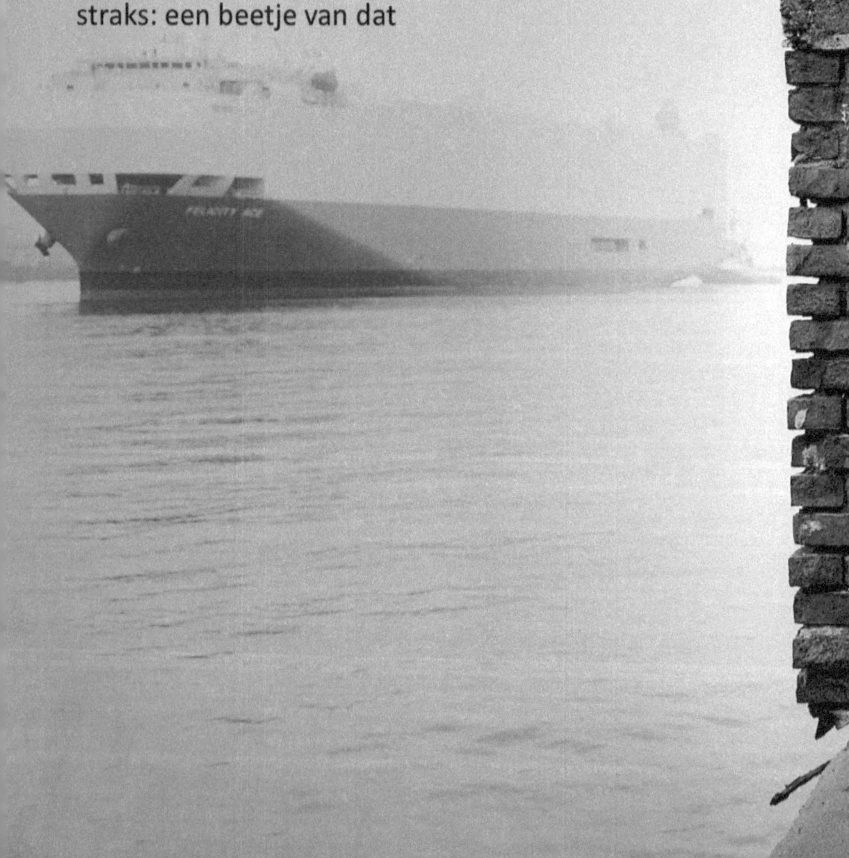

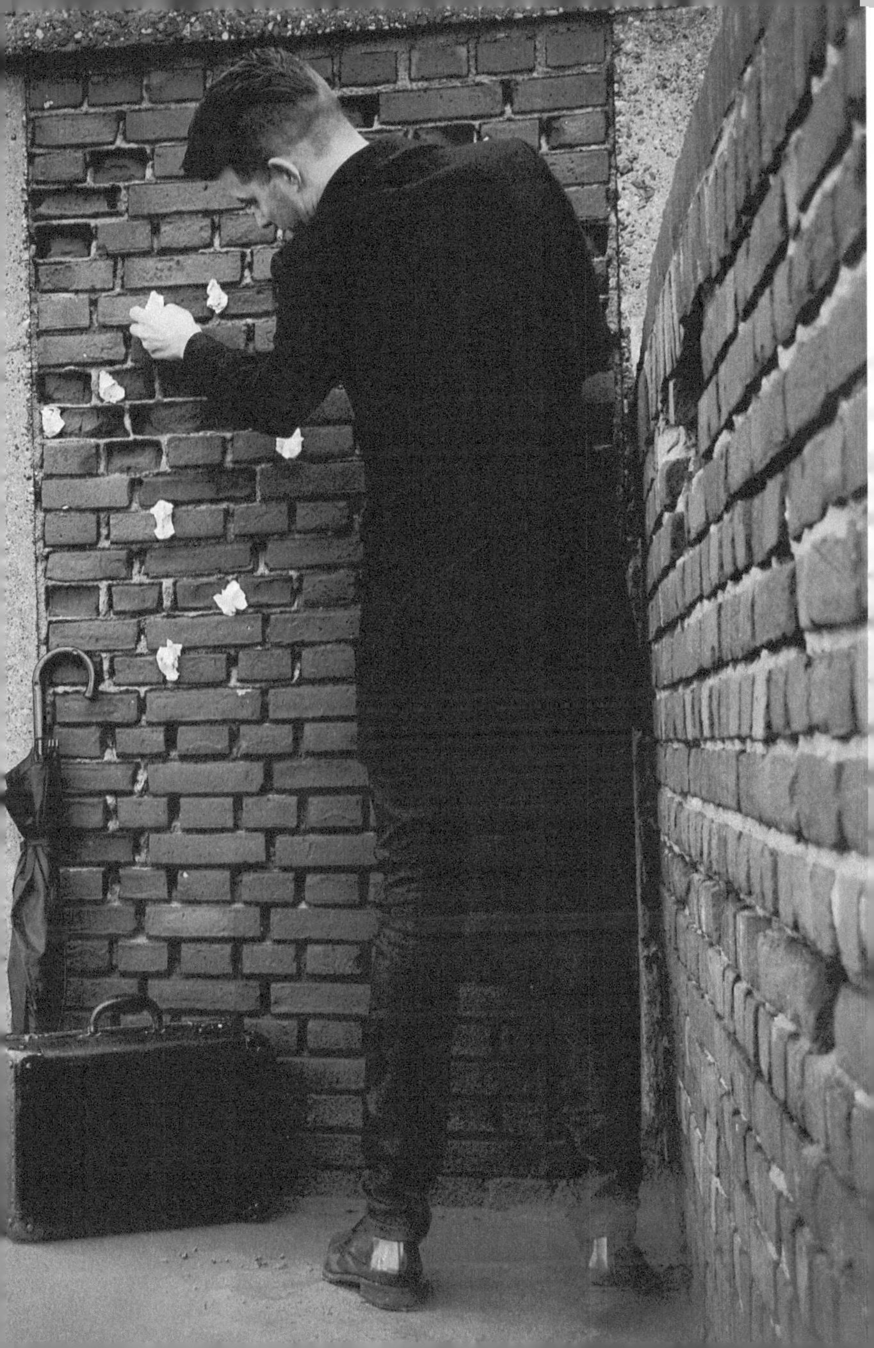

Gebundelde versjes

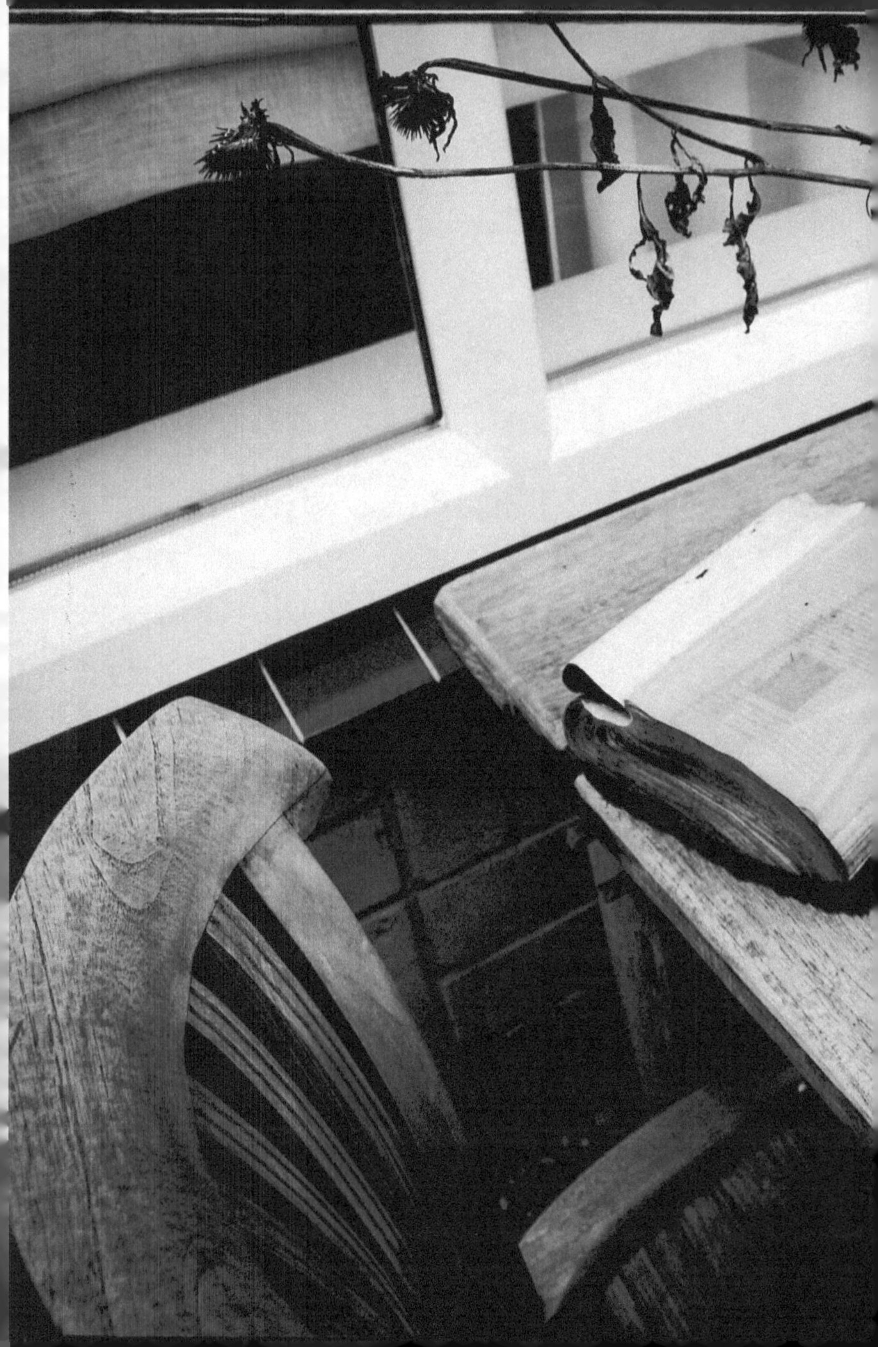

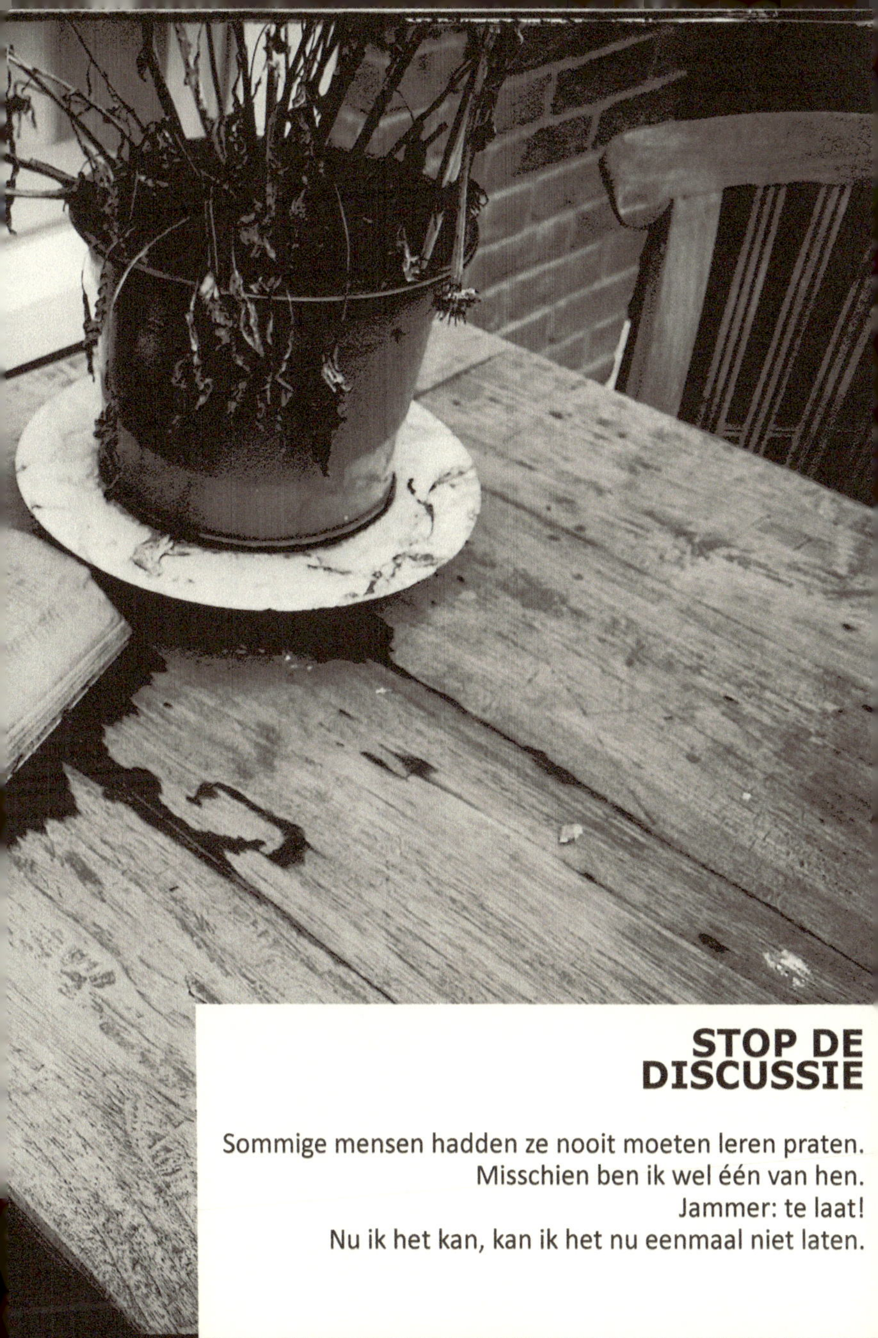

STOP DE
DISCUSSIE

Sommige mensen hadden ze nooit moeten leren praten.
Misschien ben ik wel één van hen.
Jammer: te laat!
Nu ik het kan, kan ik het nu eenmaal niet laten.

INNERLIJKE
VETE

Is er bij u sprake van een klik
tussen uw zelf en uw eigen ik?

Of heeft u soms ook zoiets
van mijzelf en ik ...
eigenlijk is 't niets?

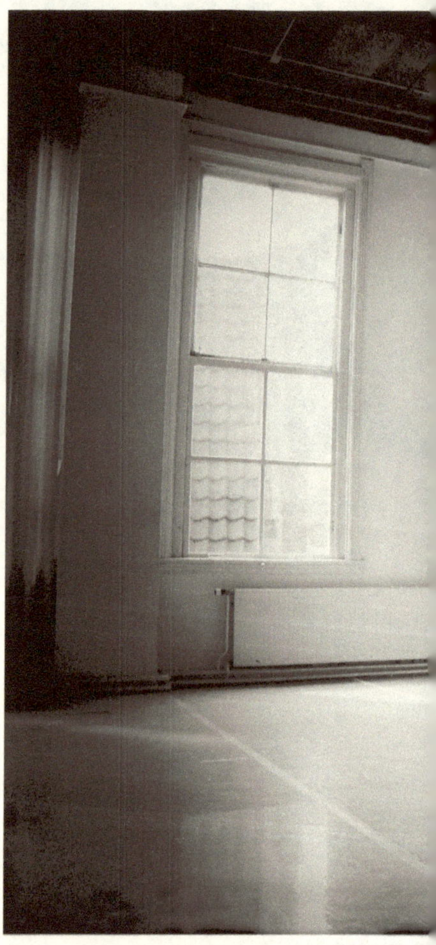

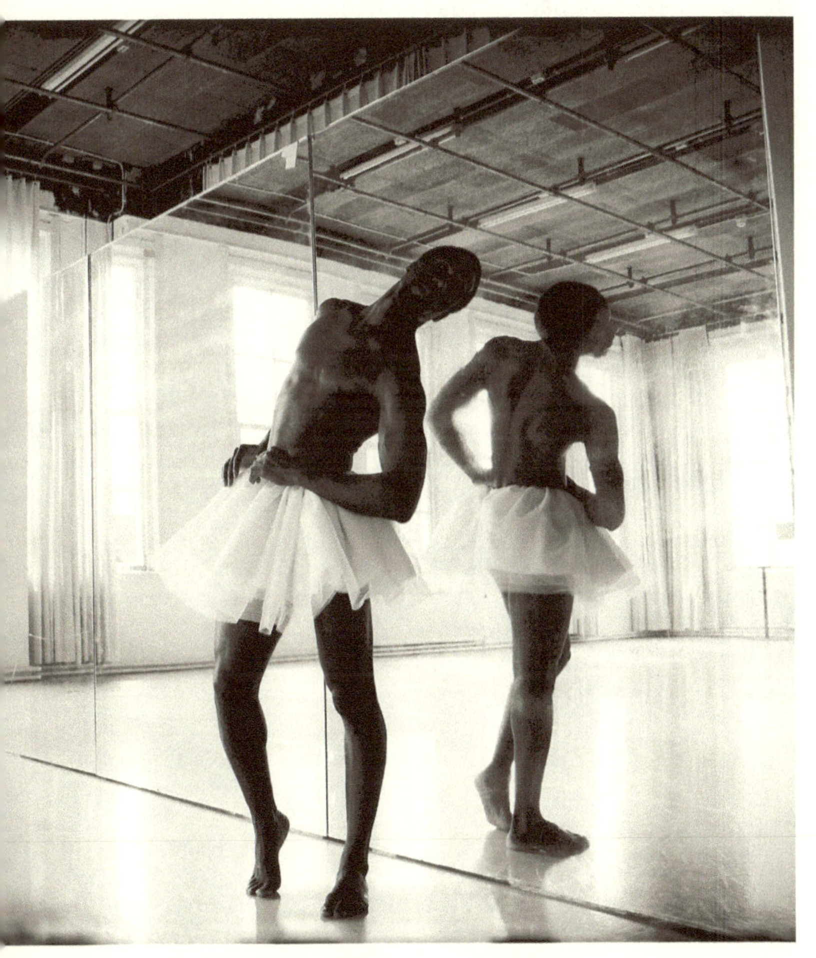

DE
SCHOOLMEESTER

De meester loopt naar het bord;
saai geblaat kan hij niet laten.
Ik krijg ineens zo'n zin
om spannend door hem heen te praten.

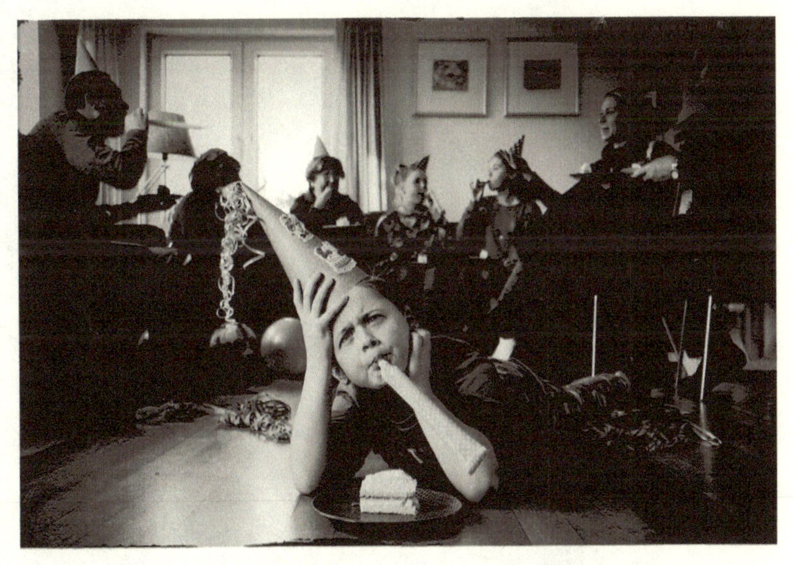

LIJDEND
VOORWERP

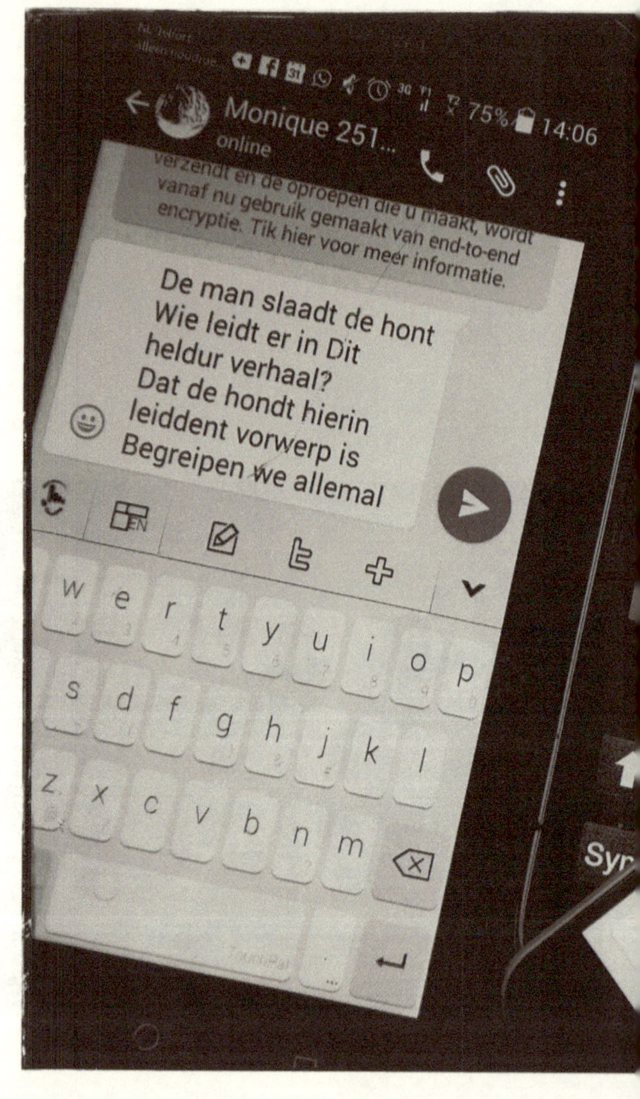

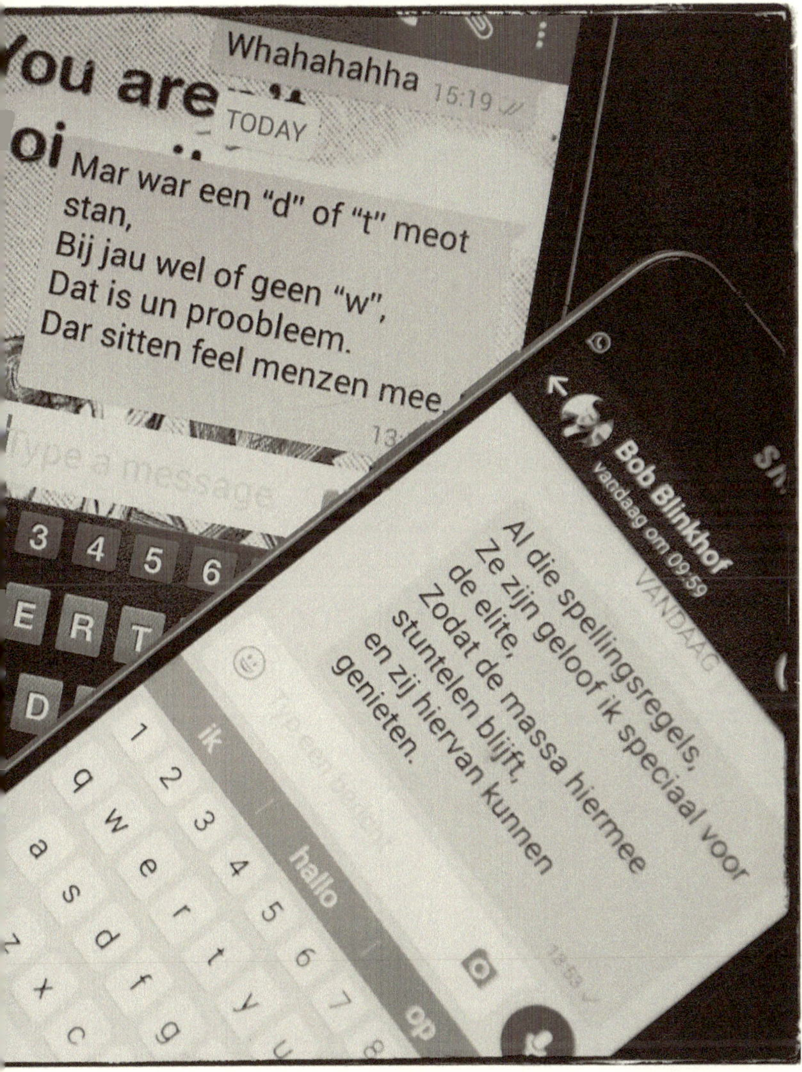

You are
oi
Mar war een "d" of "t" meot
stan,
Bij jau wel of geen "w",
Dat is un proobleem.
Dar sitten feel menzen mee

Whahahahha 15:19
TODAY

Al die spellingsregels,
Ze zijn geloof ik speciaal voor
de elite,
Zodat de massa hiermee
stuntelen blijft,
en zij hiervan kunnen
genieten.

Bob Blinkhof
vandaag om 09:59
VANDAAG

BIJ
PAPA

Wat zou ik nog zo graag
even bij papa op schoot
't Zou raar zijn als ik het vraag
Ik ben nu al zo groot!

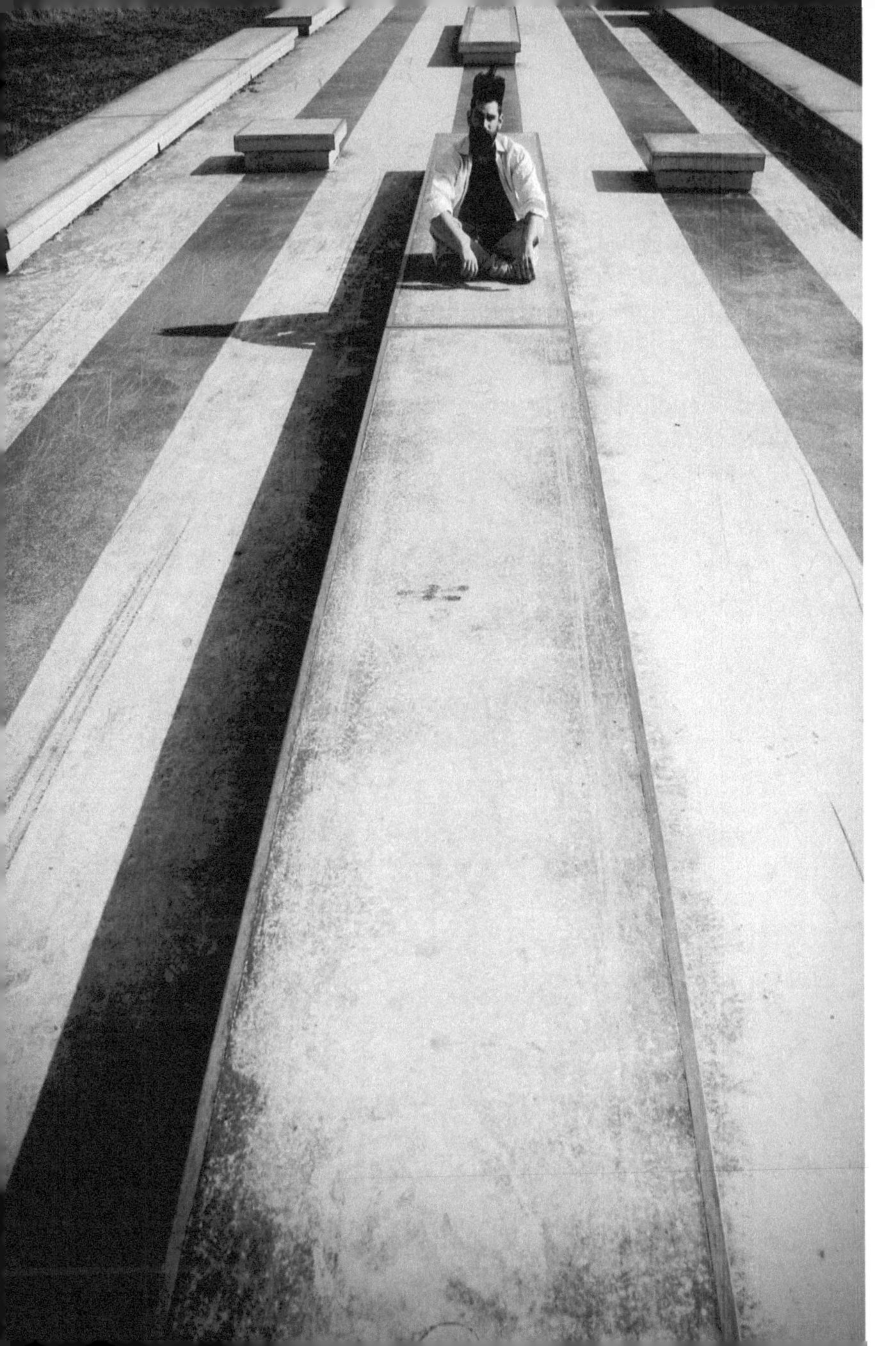

ONDERWEG
NAAR GRONINGEN

Ze had iets zeikerigs in zich.
Dat stemgeluid
sprak over moeilijke voeten,
pedicure – ijdeltuit!

Haar vriendje luisterde al naar zijn muziek.
Deed oordoppen in.
Luisterziek.

De vrouw praatte door;
veel onzin
niet te stoppen.

Ik zat vlakbij, zonder oortjes
en verlangde naar zijn doppen.

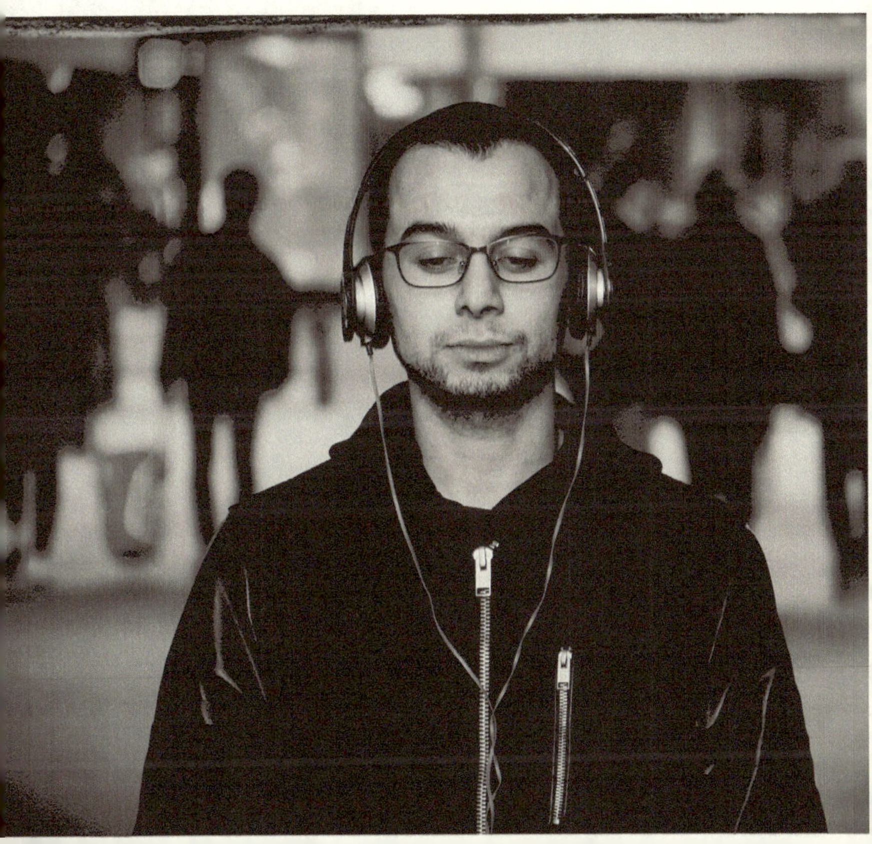

REDDER
IN DE NACHT

De slaap overmeestert,
overdenkt en overwint.

De slaap confronteert,
verzoent en bemint.

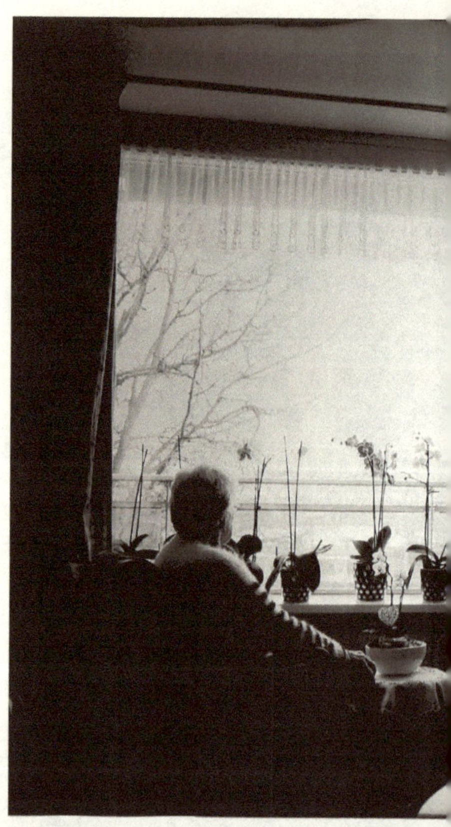

De slaap laat vergeten,
dromen en weten.

Als het leven zwaar is,
mijn hart weer doorklieft.

Blijkt de slaap mijn redding.
Mag hij toeslaan, alsjeblieft?

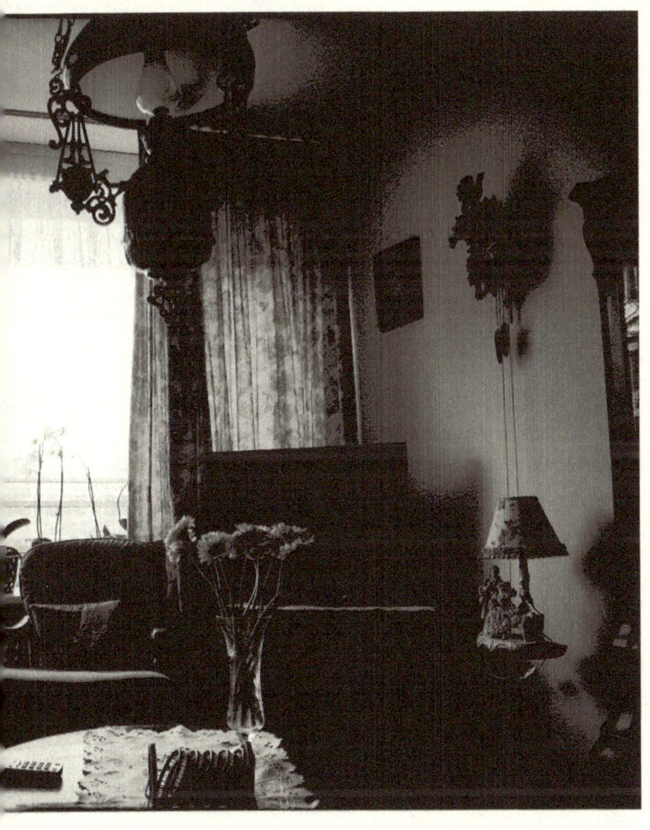

MAAK HET VRUCHTBAAR

Als je eens met de shit van anderen
je tuin zou kunnen bemesten!
Dat is toch een aardige gedachte.
Dan zou andermans bagger
je eigen leven niet verpesten.
Dan werd het de voedingsbodem voor iets nieuws:
kon je een tuin vol bloemen verwachten.

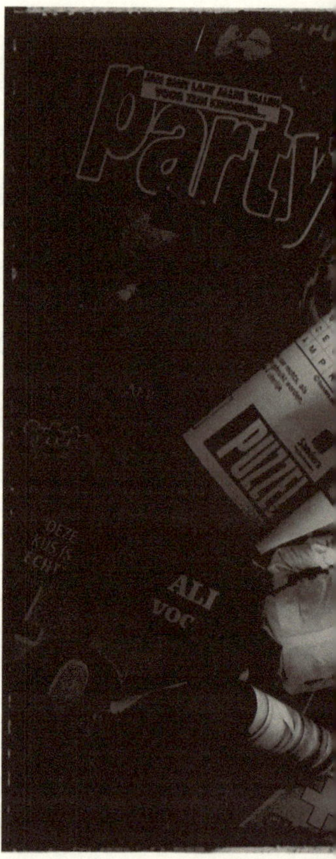

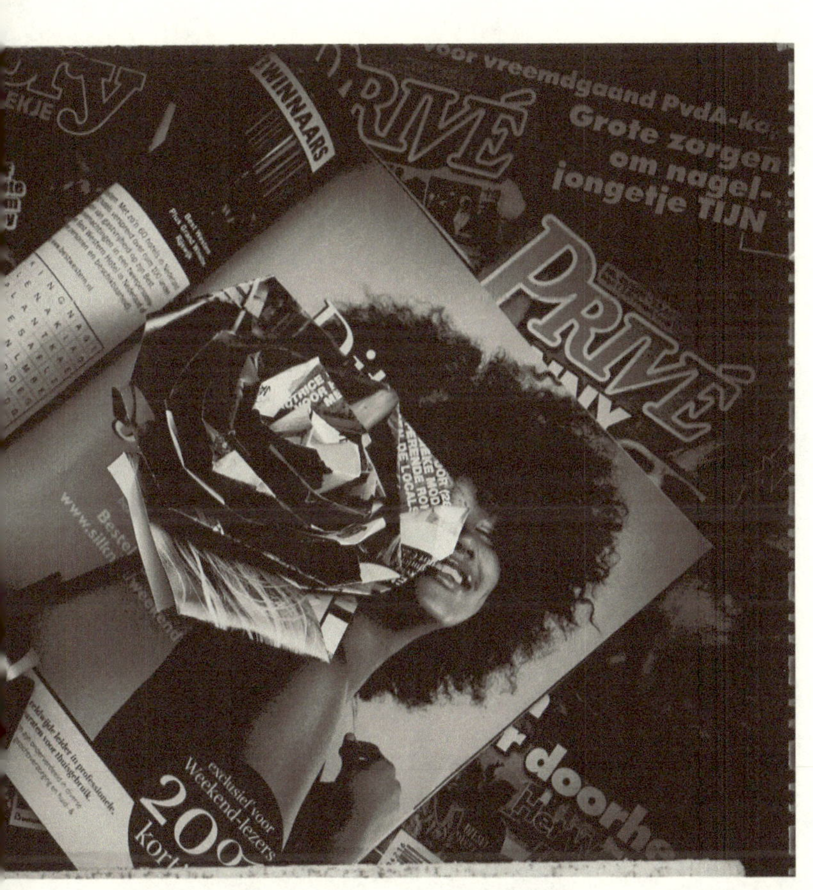

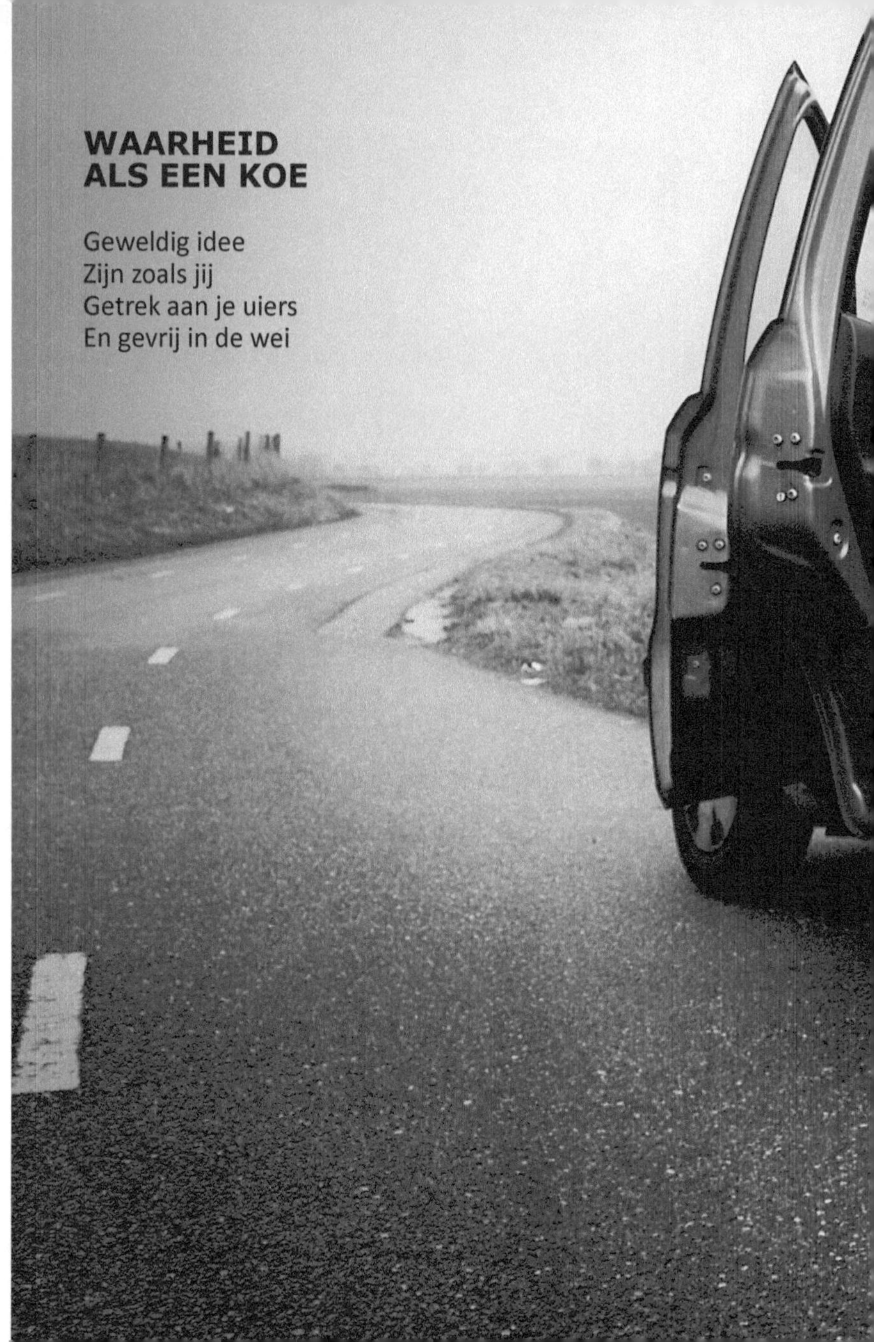

WAARHEID
ALS EEN KOE

Geweldig idee
Zijn zoals jij
Getrek aan je uiers
En gevrij in de wei

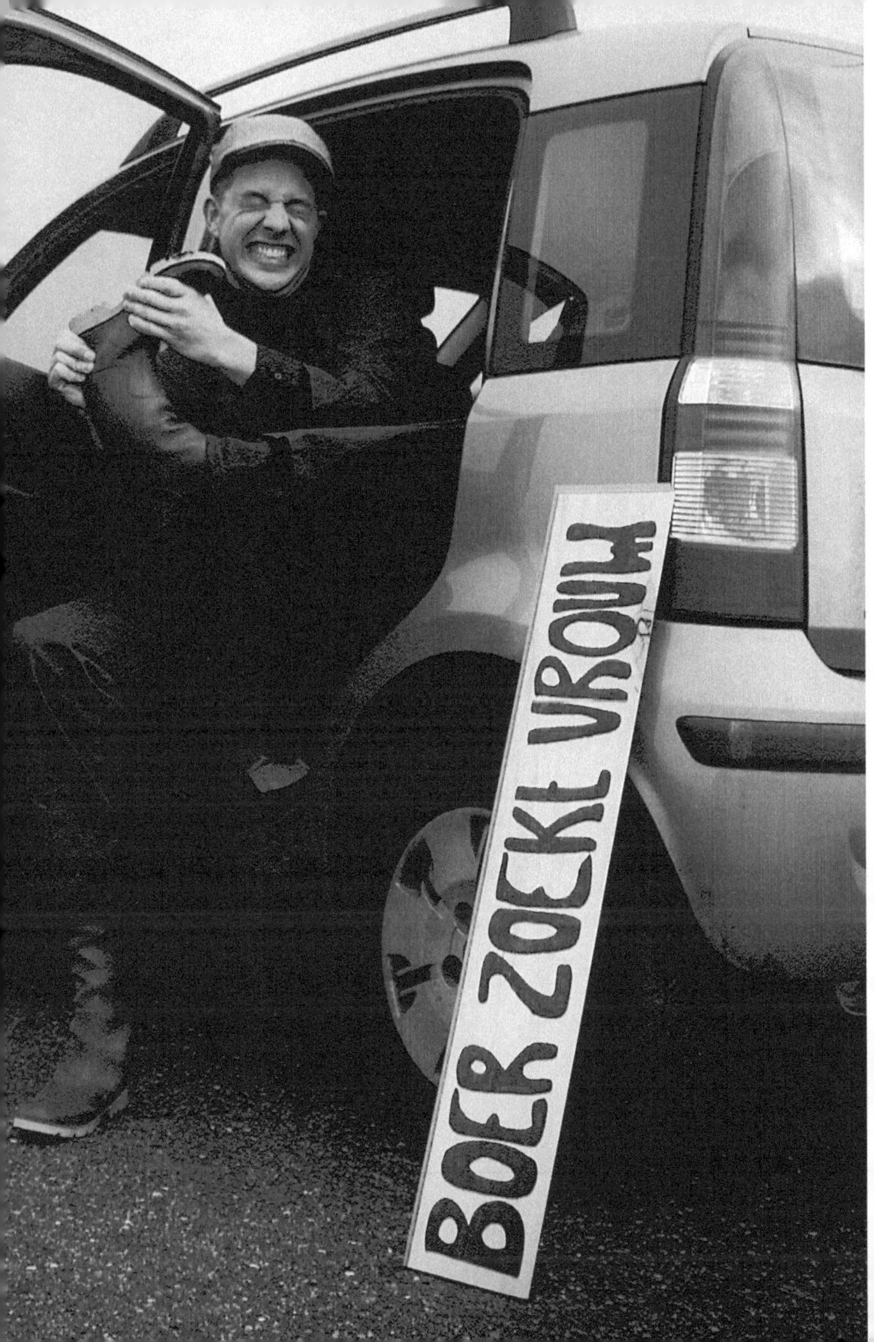

BOER ZOEKT VROUW

ARIKATO!

Van Japan moet ik bekennen, weet ik niet veel
maar al vanaf onze eerste ontmoeting
vloog de verliefdheid me naar de keel
Je glimlach zo prachtig
zo ontwapenend en schoon
Dit gevoel zo machtig
het is toch niet gewoon?

Jij gaat straks weer weg
naar je Fujiberg en weet ik al niet meer
Ik wou dat ik je durfde te zeggen wat ik voelde
en zag je graag nog een keer.

Ook al hou ik niet van sushi en ook niet van wakamé
als jij mij de wereld zou beloven
ging ik zo met je mee.

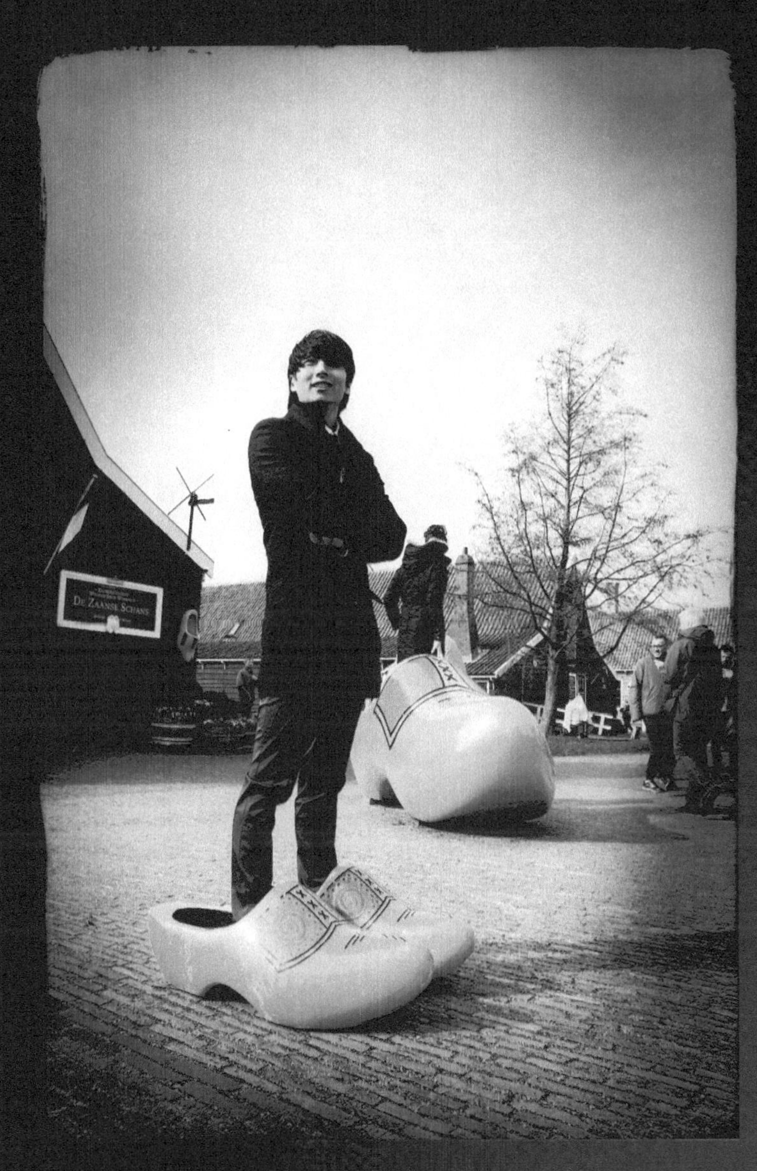

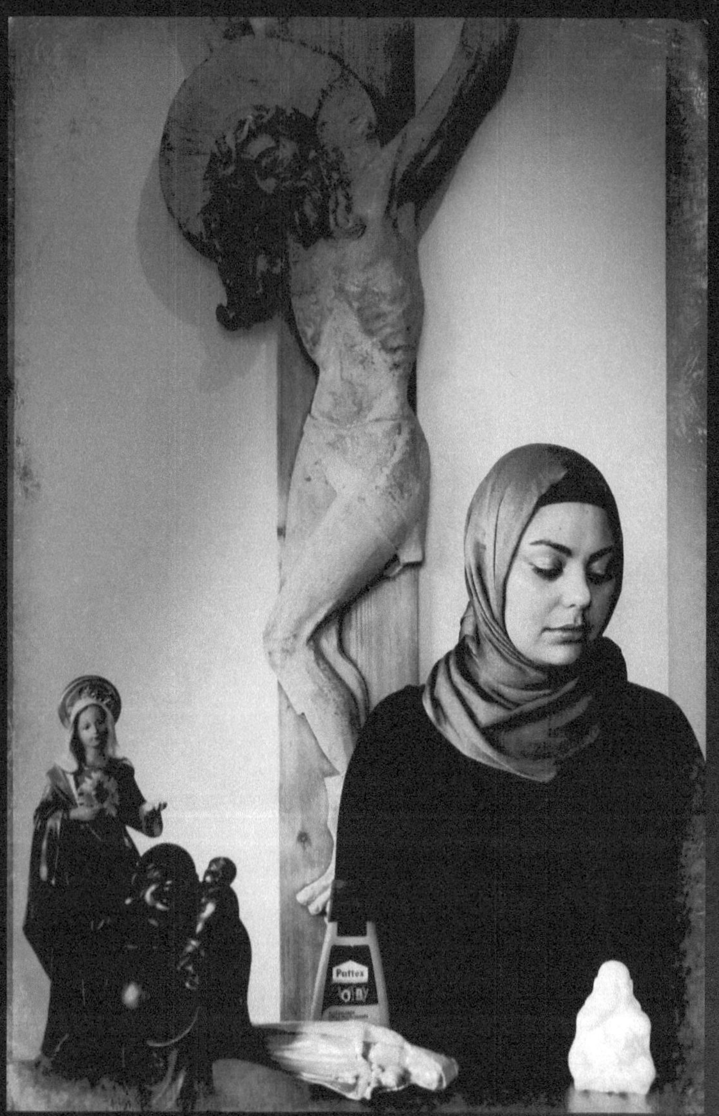

ALSOF

Ik had vandaag een gevoel:
Alsof liefde...
Alsof God...
Maar als ik bijna verwoorden kan wat ik bedoel
is 't plots alweer kapot.

GESPIERDE
SPIJKER

Breed was hij zeker
dat moet wel gezegd,
maar van binnen zo onzeker
en niet goed onderlegd.

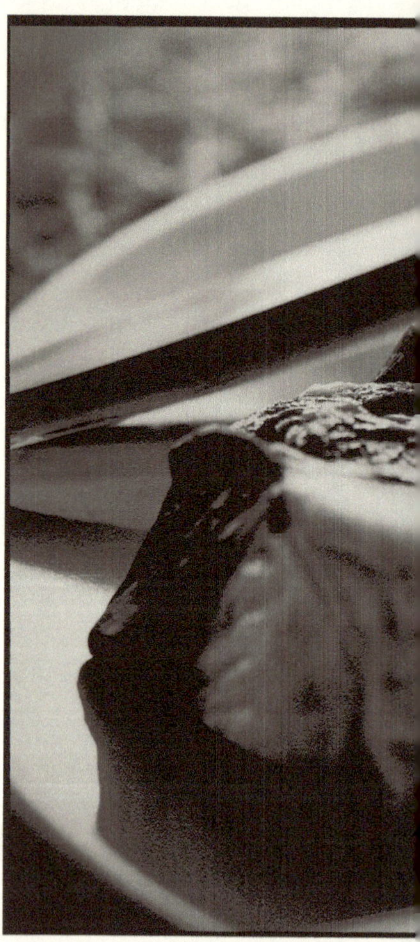

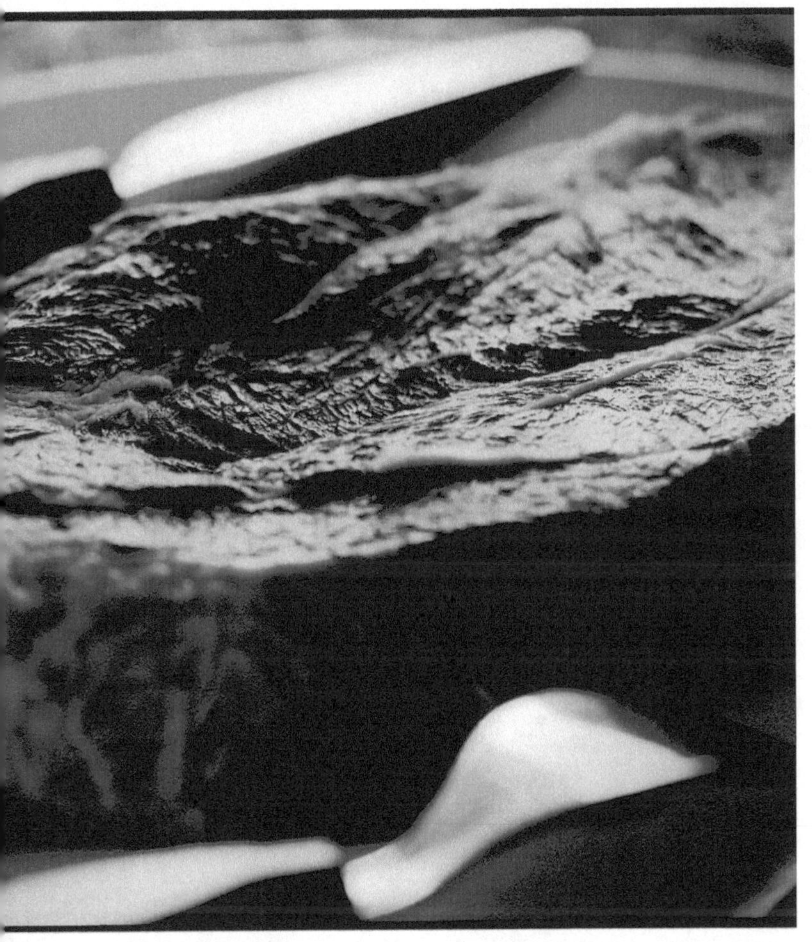

**LEVEN
NA DE DOOD**

Als ik later eerder doodga dan jij ...
De Almachtige heeft 't tijd gevonden mij van je af te pakken,
en ik kom in de hemel, is het nog niet voorbij.
Ik pak mijn hengel en laat het haakje zakken.

Ik weet: je kunt me nu niet geloven,
maar écht, als die dag daar is,
zal ik jou met dat haakje vangen
en til ik je direct op naar boven.

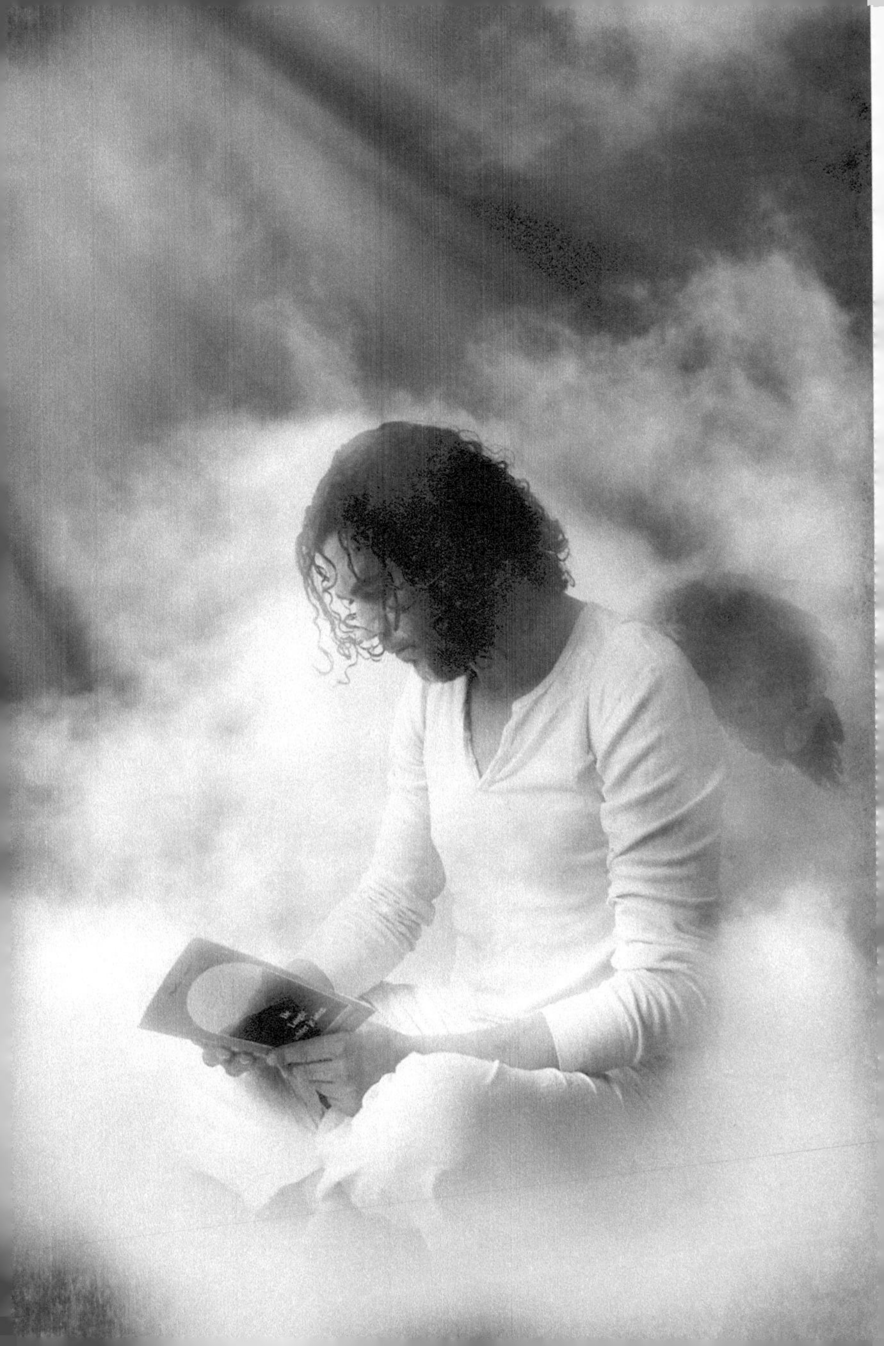

BUIK-
GRIEP

Bij de een weet ik het als-ie klaagt
over pijn in zijn buik.
Bij de ander pas
als ik plotseling zijn windjes ruik.

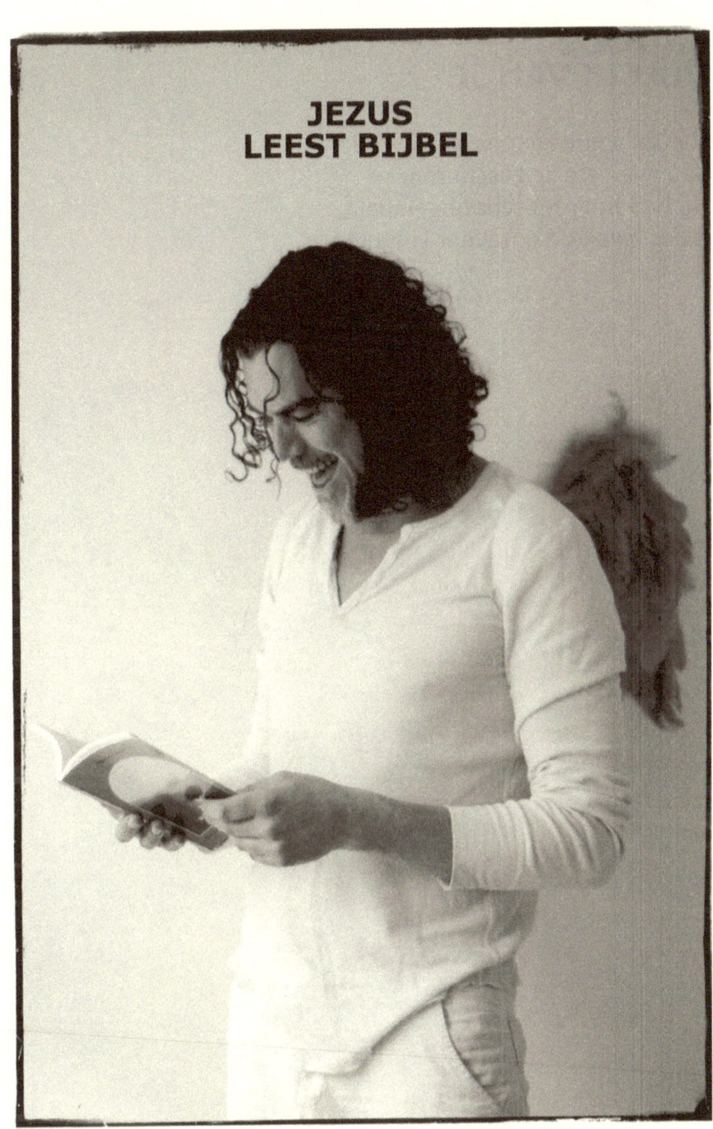
JEZUS
LEEST BIJBEL

EN TOCH
HOU IK VAN JE

Hij had zojuist gepoept,
had even stevig gescheten.
Hij had zijn reet schoongemaakt,
maar bleek de pot weer vergeten.

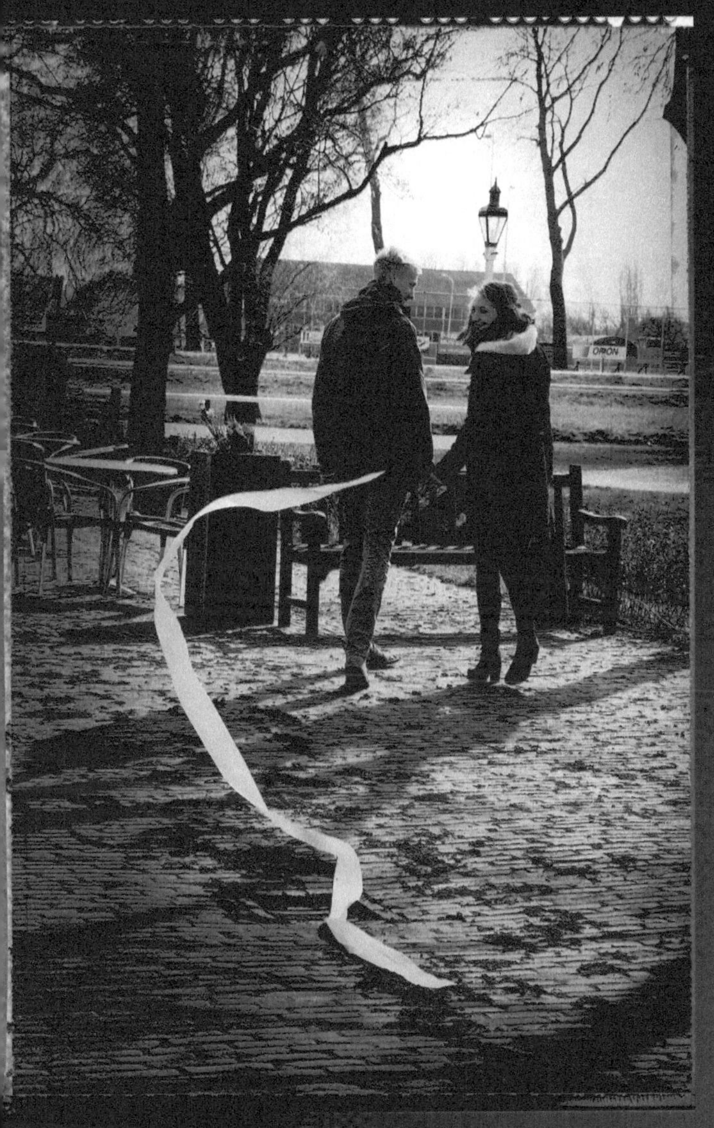

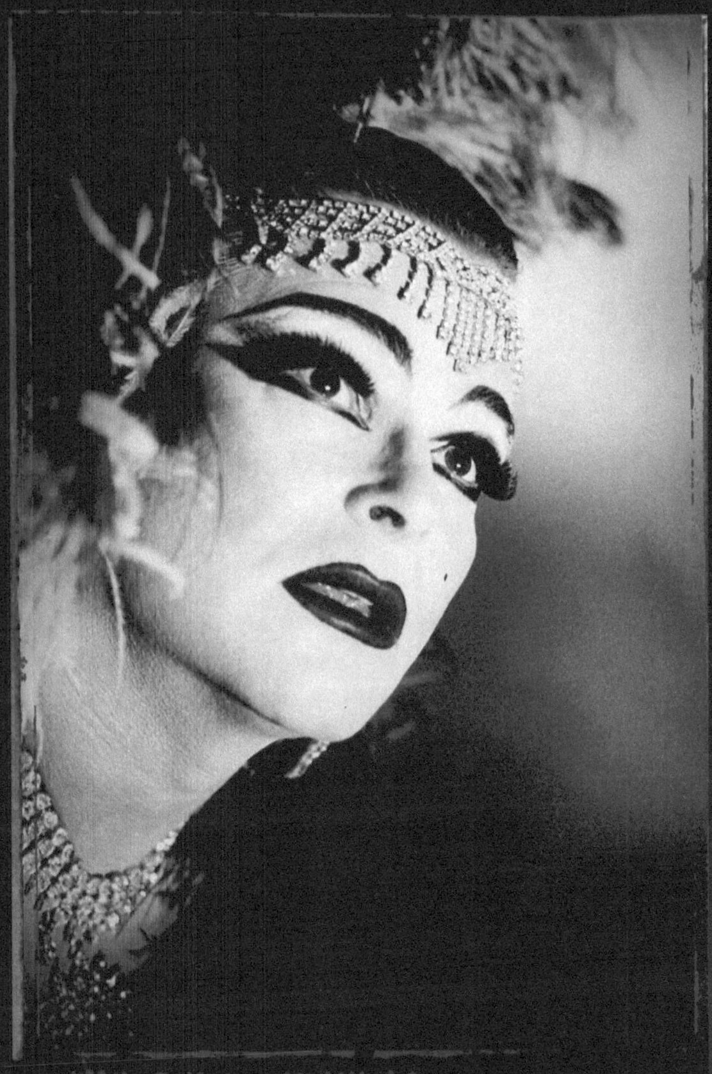

SMEEK
BEDE

O, lieve God,
leert U mij even
hoe ik zo'n moeilijk mens
zonder oordeel
mijn liefde kan geven?

ALS
DE PLANTEN

Net als de planten is het leven:
je kan groeien door op de juiste plaatsen water te geven.

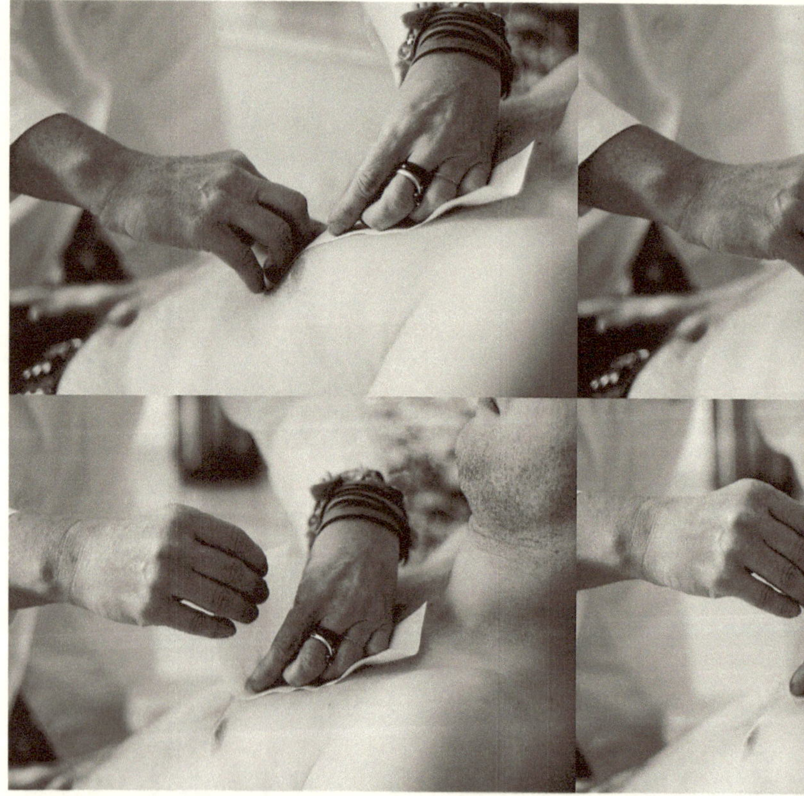

Maar als je echt volledig wil bloeien,
zul je het niet moeten laten ook eens goed te snoeien.

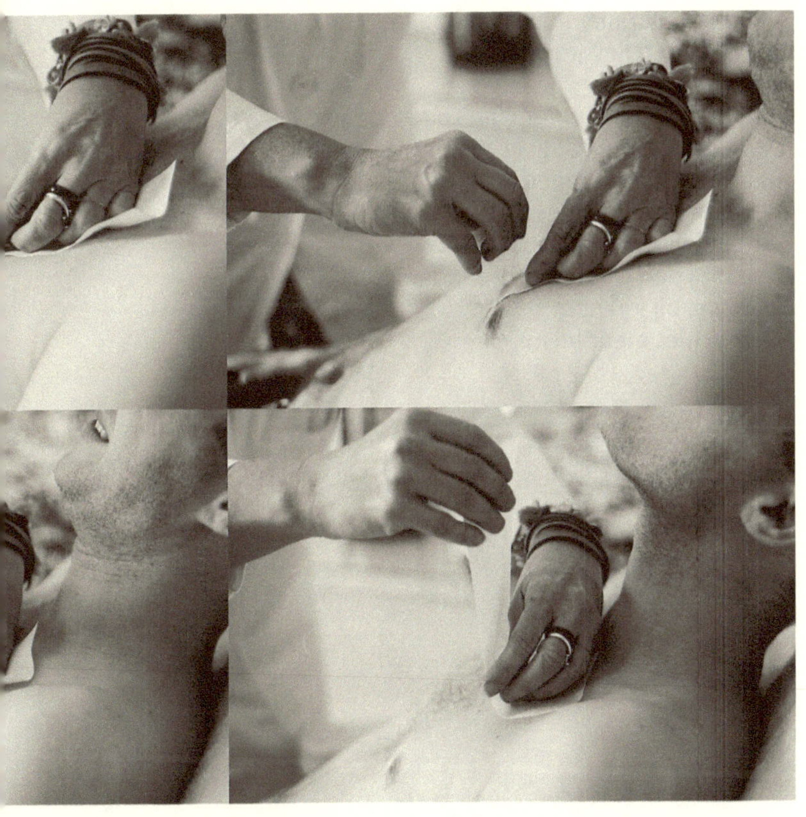

POSITIES

Ik dacht dat ik je missen zou
Dat ik zou sterven van verdriet
Maar wat is het mooie nou?
Je bent weg en ik mis je niet

'k Mis niet onze ruzies vol van pijn
Mis niet het gevoel dat je nooit de mijne zult zijn
Mis zelfs niet het verlangen
Mis niet de zachtheid van je mond
'k Kan er maar niet in blijven hangen
dat ik jou een lieverd vond

Mis jij dat wel dat er iemand zo gek op je is?
Mis jij het gevoel dat ik je zo mis?
Als dat zo is, is het goed
Wisselen onze posities
Is 't eindelijk over en voorbij
Omdat jij dan weet hoe het anders is
Als ik wel bij jou hoor
Maar jij niet meer bij mij

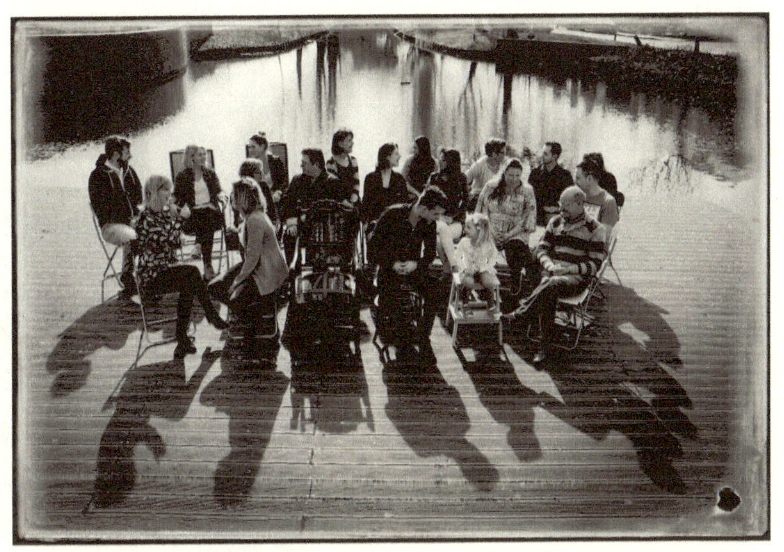

OPRECHT
ALLEEN
ZIJN

Het is beter oprecht alleen
dan hypocriet samen.

Bent u met een foute partner?
Maak u dan snel uit de been.
Amen.

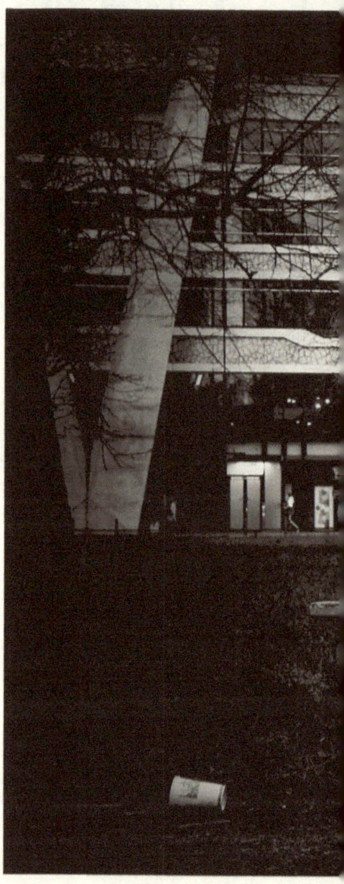

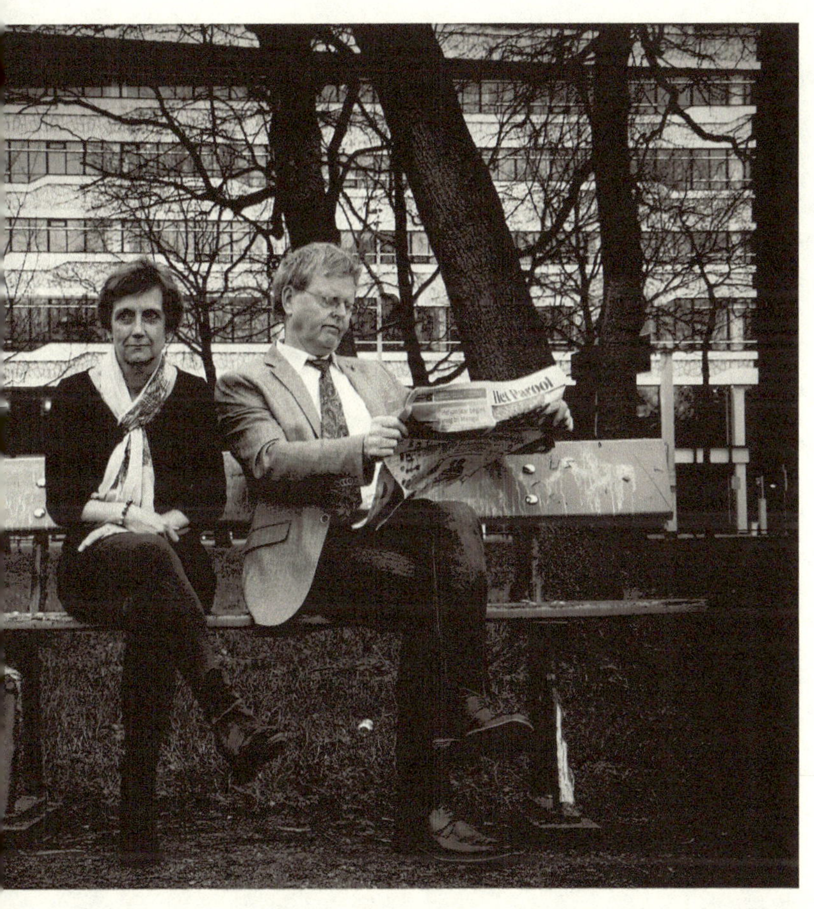

DOE MAAR
ZONDER

kun je slapen zonder ruzie?
naar 't werk zonder zoen?

ik ben al een tijdje alleen

geloof me:
het is prima te doen!

kun je slapen zonder ruzie?
naar 't werk zonder zoen?

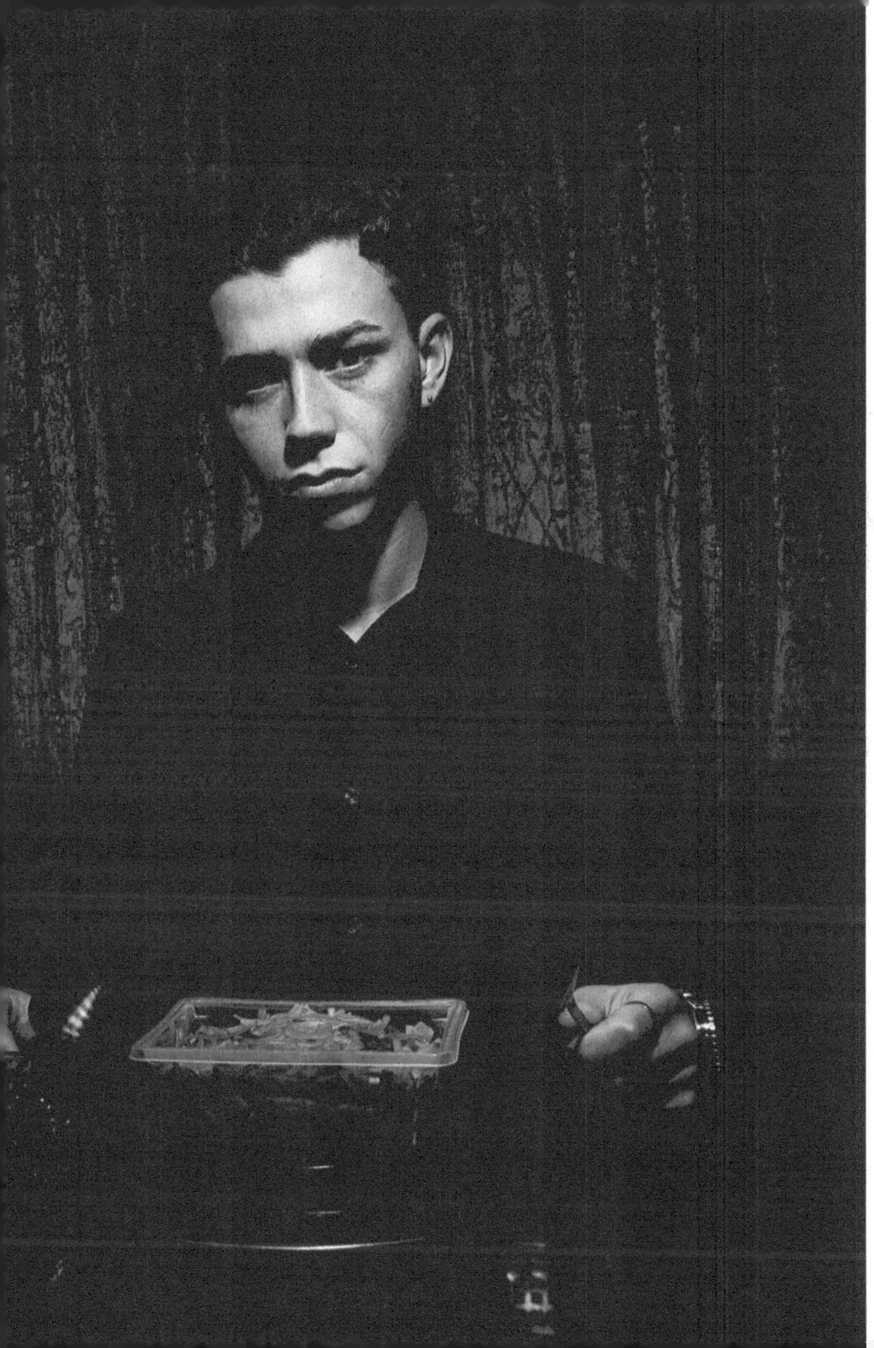

LICHT
BRENGEN

Zorg dat je woorden van liefde gebruikt.

Altijd
en niet voor even.

Dan pas weet je
dat je een lichtbrenger bent
in andermans leven.

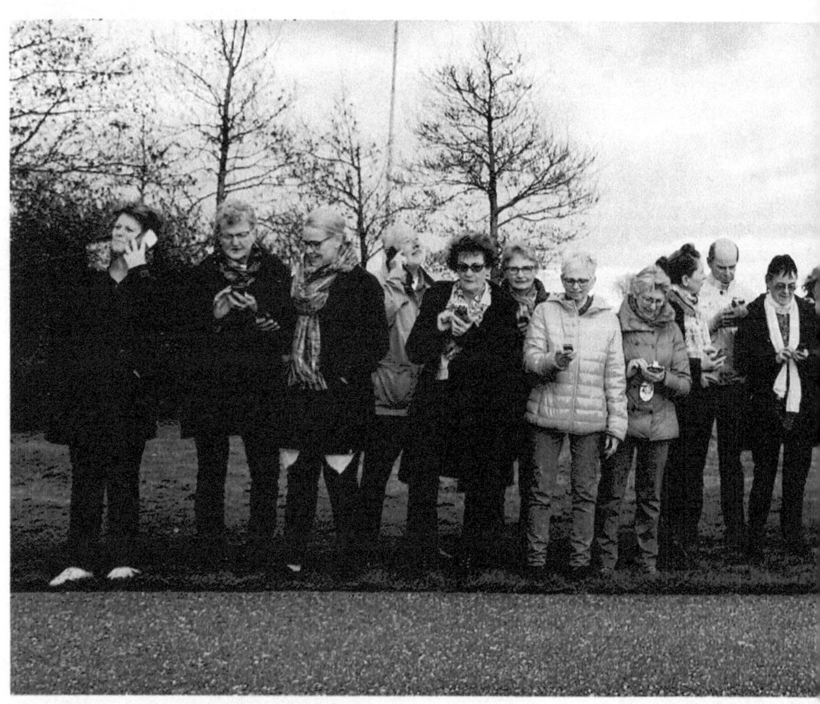

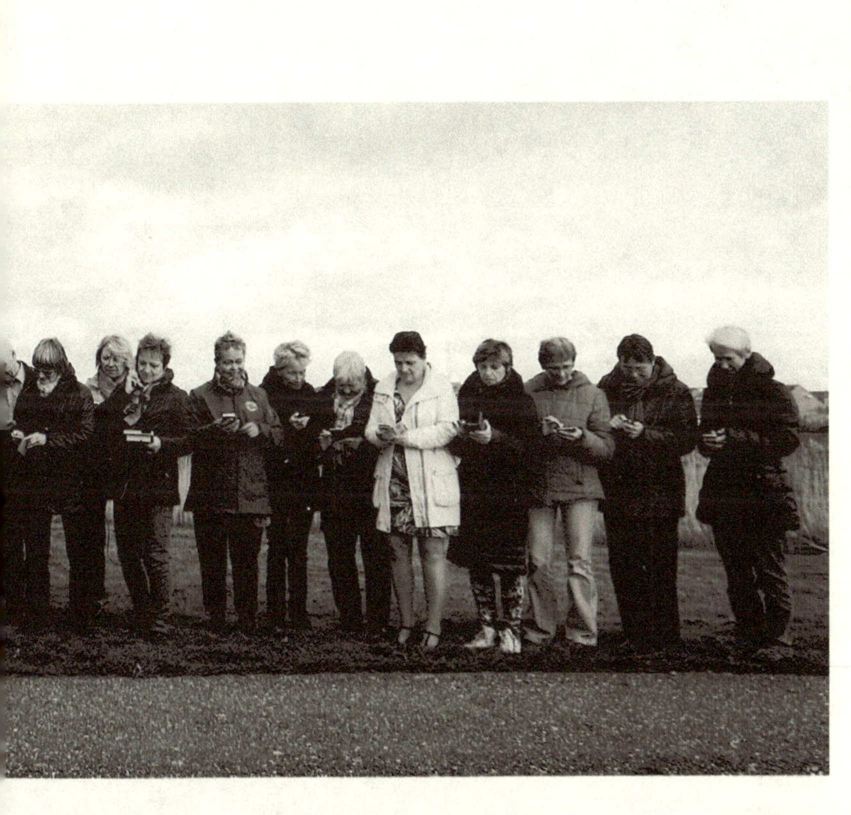

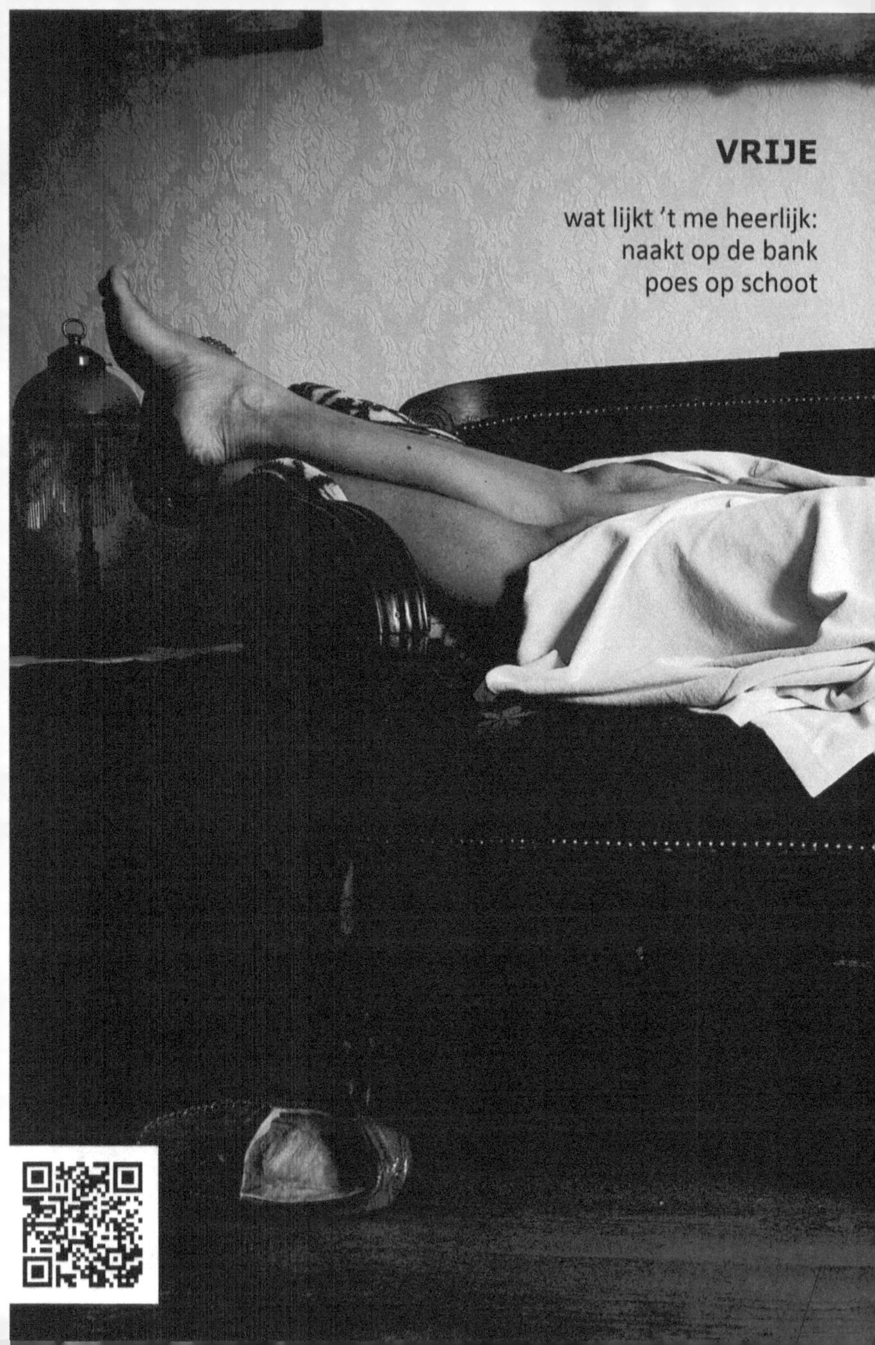
VRIJE

wat lijkt 't me heerlijk:
naakt op de bank
poes op schoot

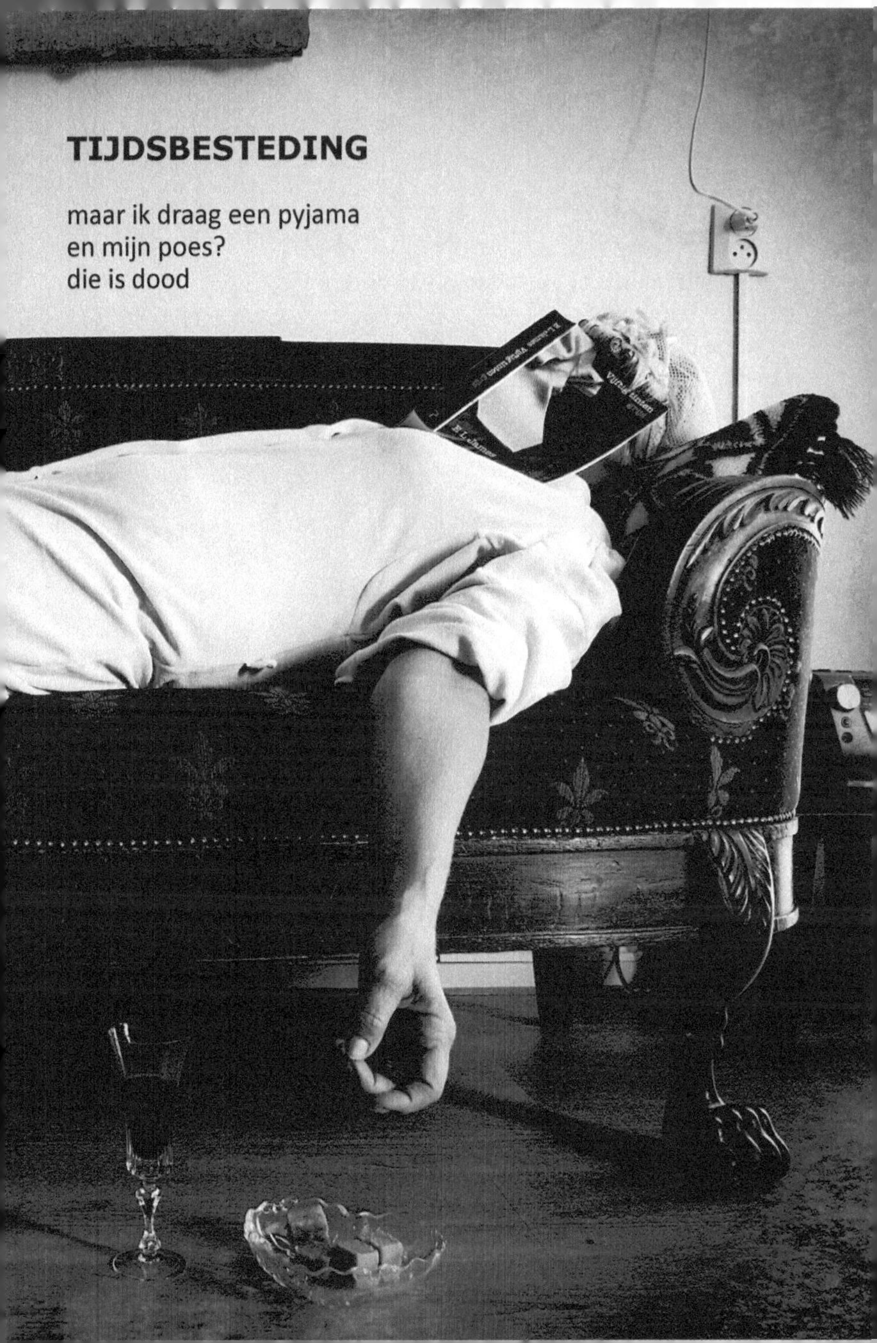

TIJDSBESTEDING

maar ik draag een pyjama
en mijn poes?
die is dood

WAT GEEFT HET OOK?

Je hebt allemaal wel eens van die dromen
van een nieuw leven in een ander land.
En als ze dan toch niet uit zullen komen,
is er toch ook niets aan de hand?

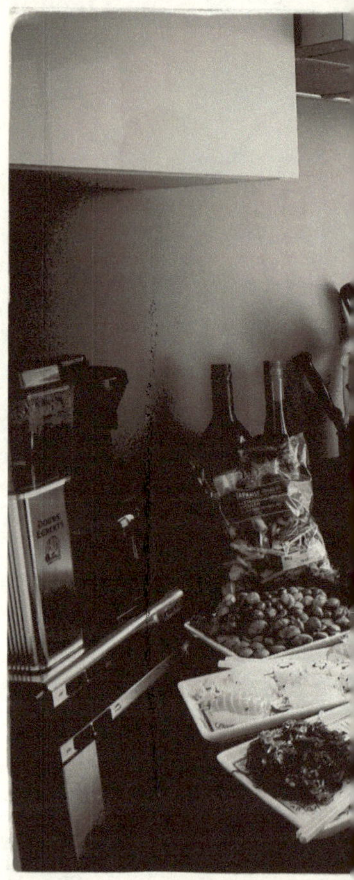

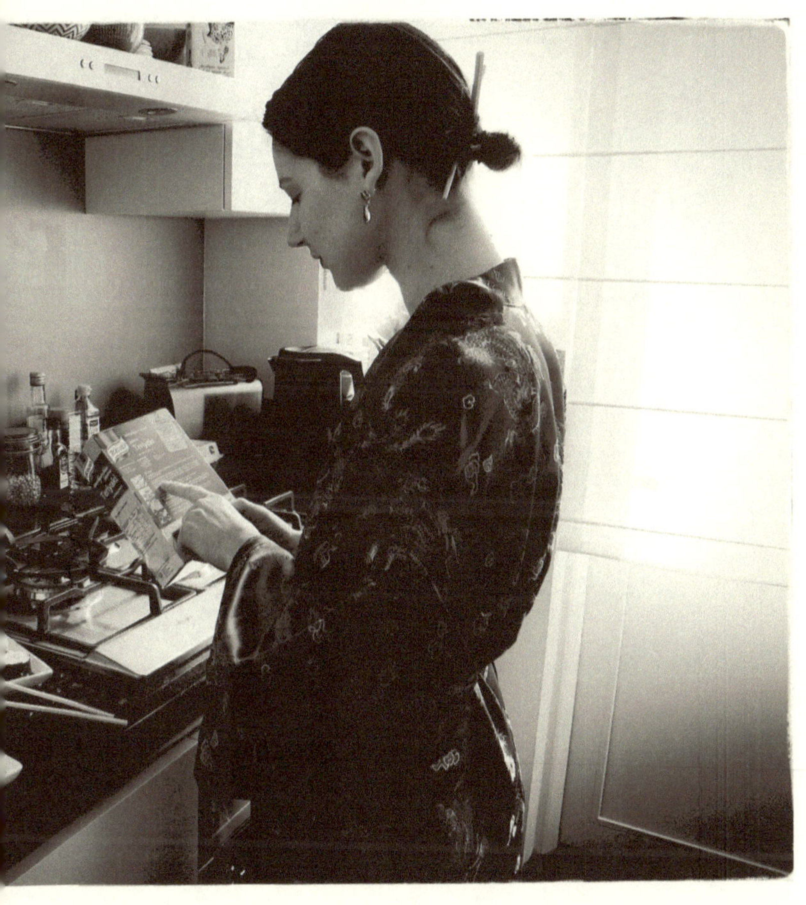

KRACHTIGE
RODDELTANTE

Hij was een soldaat
zijn armen breed en krachtig
Las de Story tot 's avonds laat
Geroddel vond hij prachtig

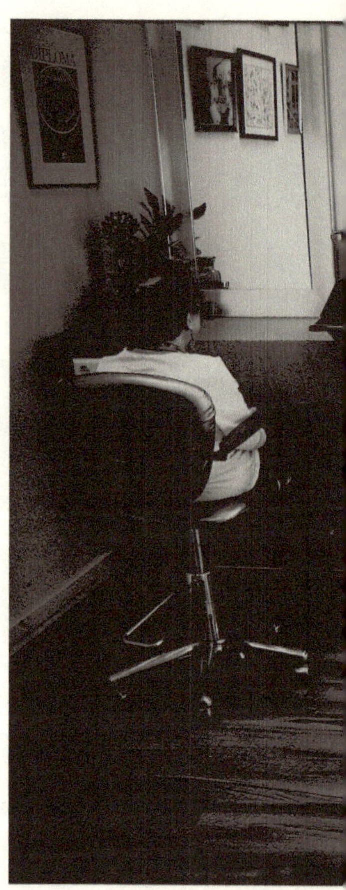

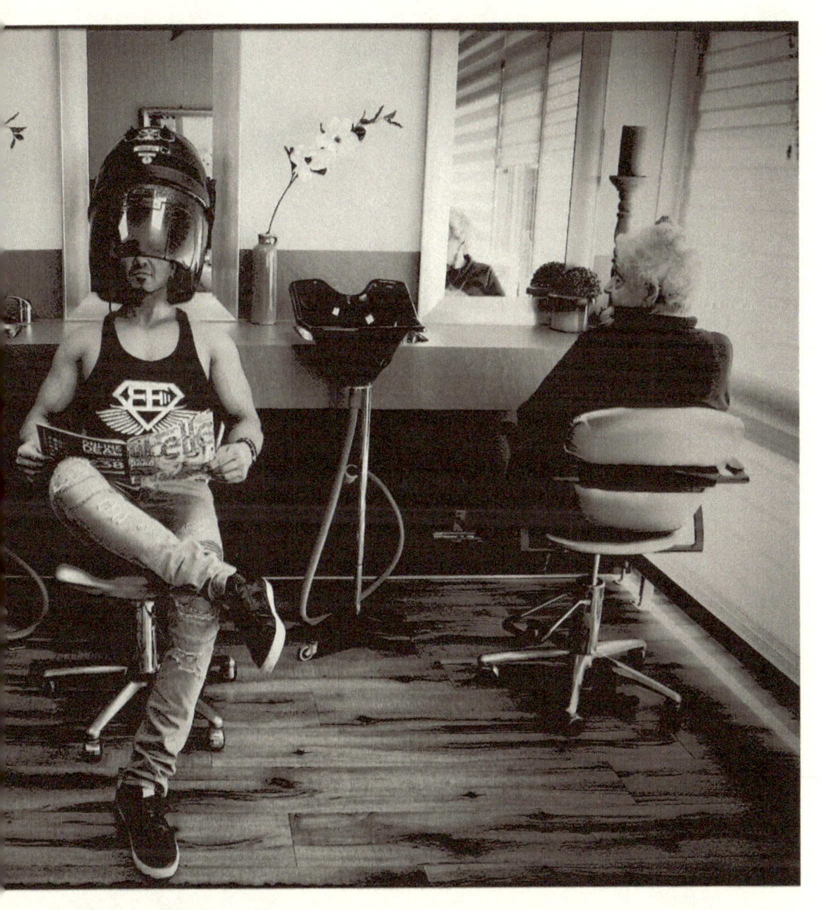

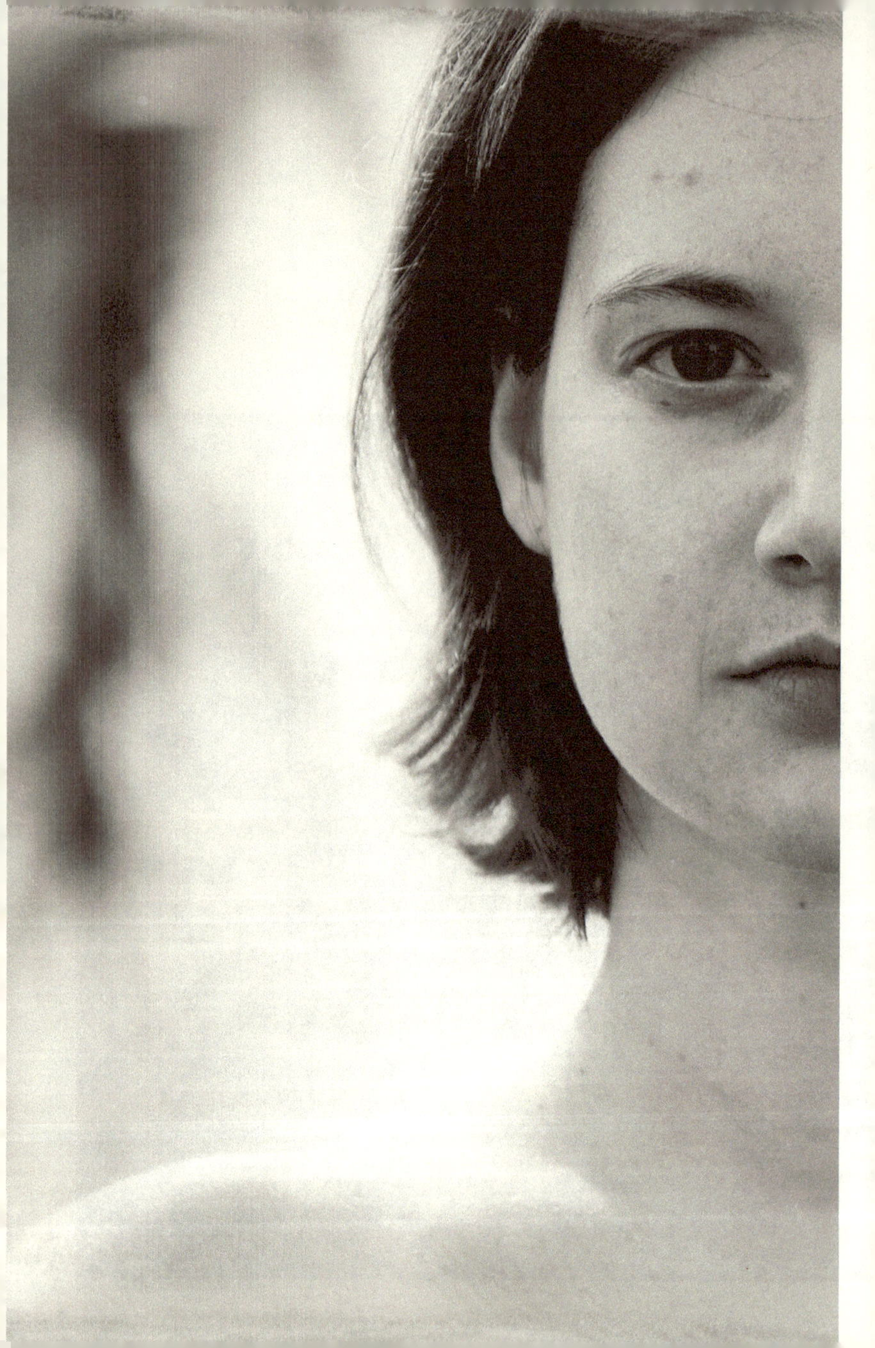

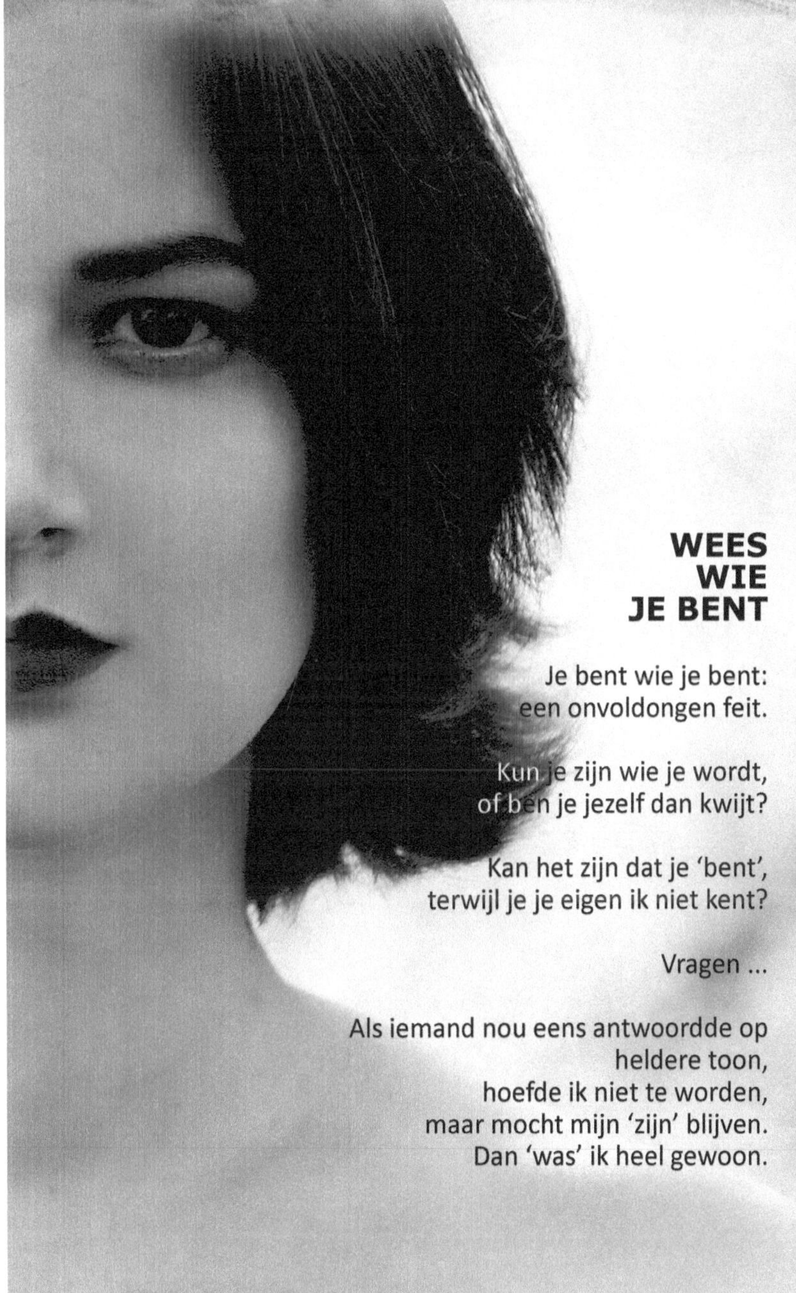

WEES
WIE
JE BENT

Je bent wie je bent:
een onvoldongen feit.

Kun je zijn wie je wordt,
of ben je jezelf dan kwijt?

Kan het zijn dat je 'bent',
terwijl je je eigen ik niet kent?

Vragen ...

Als iemand nou eens antwoordde op
heldere toon,
hoefde ik niet te worden,
maar mocht mijn 'zijn' blijven.
Dan 'was' ik heel gewoon.

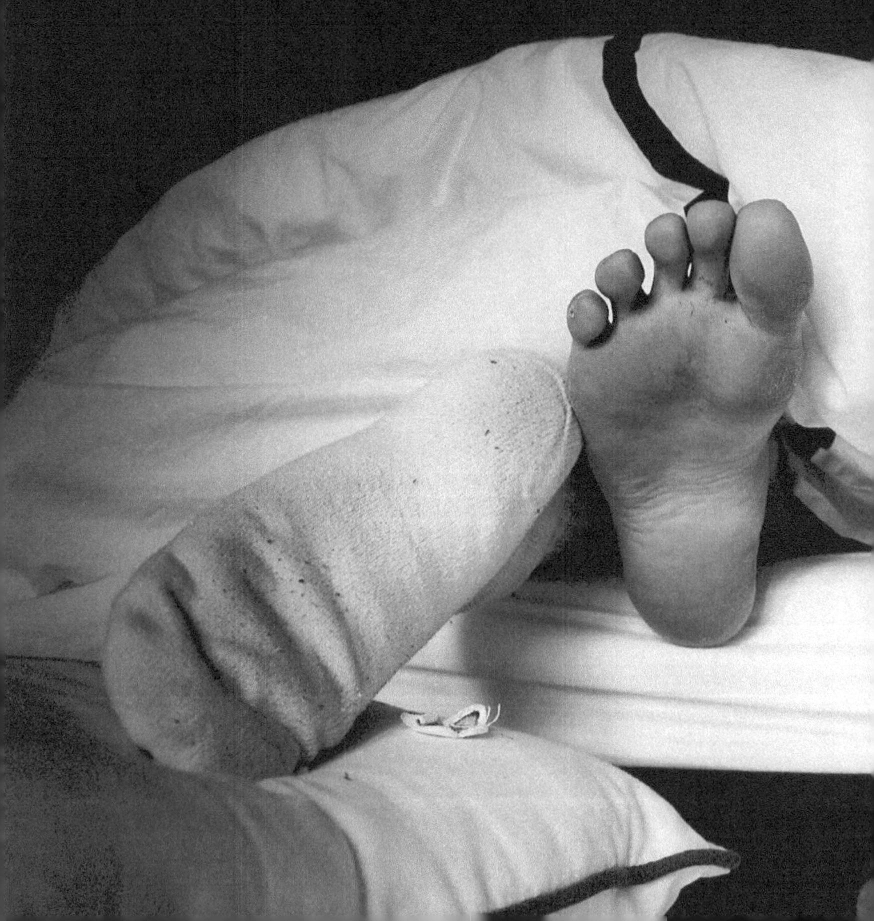

BRANDEND

Hij pakte mijn hand stiekem vast.
Begon hem zacht te aaien.

VERLANGEN

En wat mij nog het meest verrast:
het was nog spannender dan vrijen.

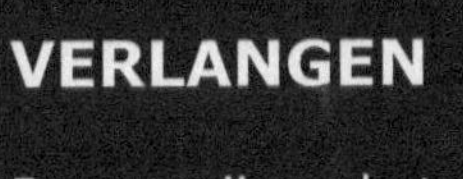

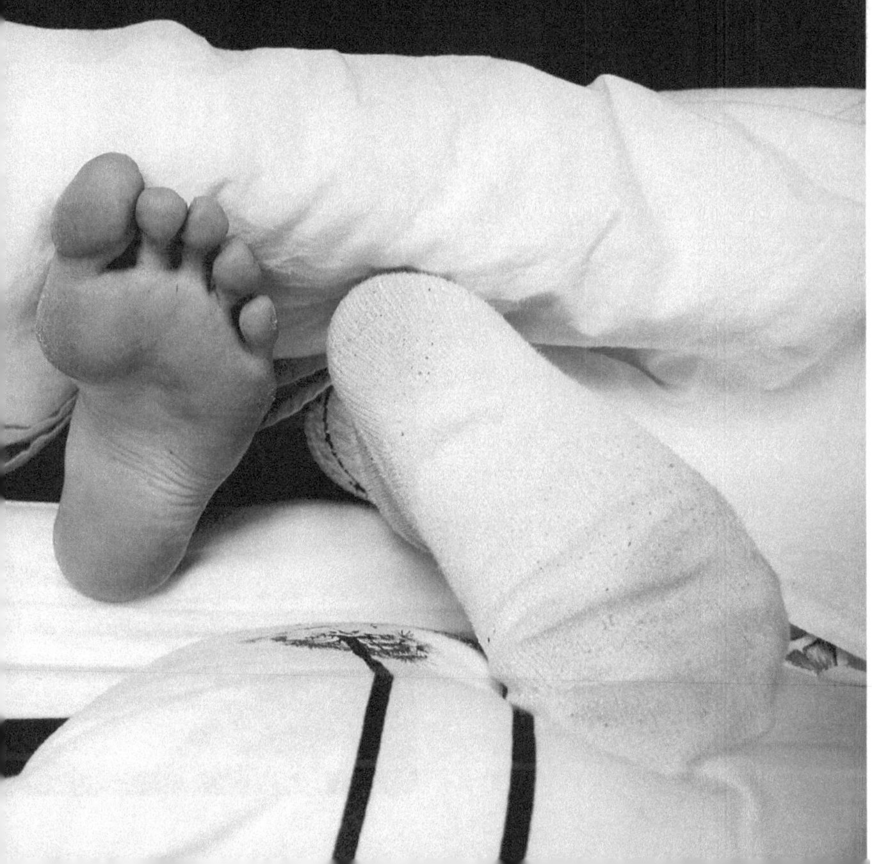

ARMOEDE

Het is mijn idee dat er veel armoe is op deze aarde
Intellectuele, materiële, cognitieve armoede
en een gebrek aan waarden.

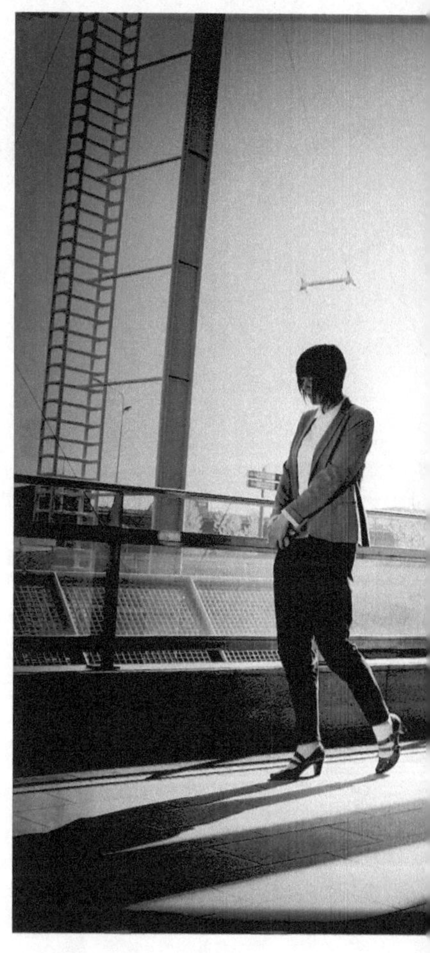

De ergste armoe is die mij vaak het meest verwart.
't Heeft niets te maken met gebrek aan luxe of warm water,
maar met een gebrek aan rijkdom in je hart.

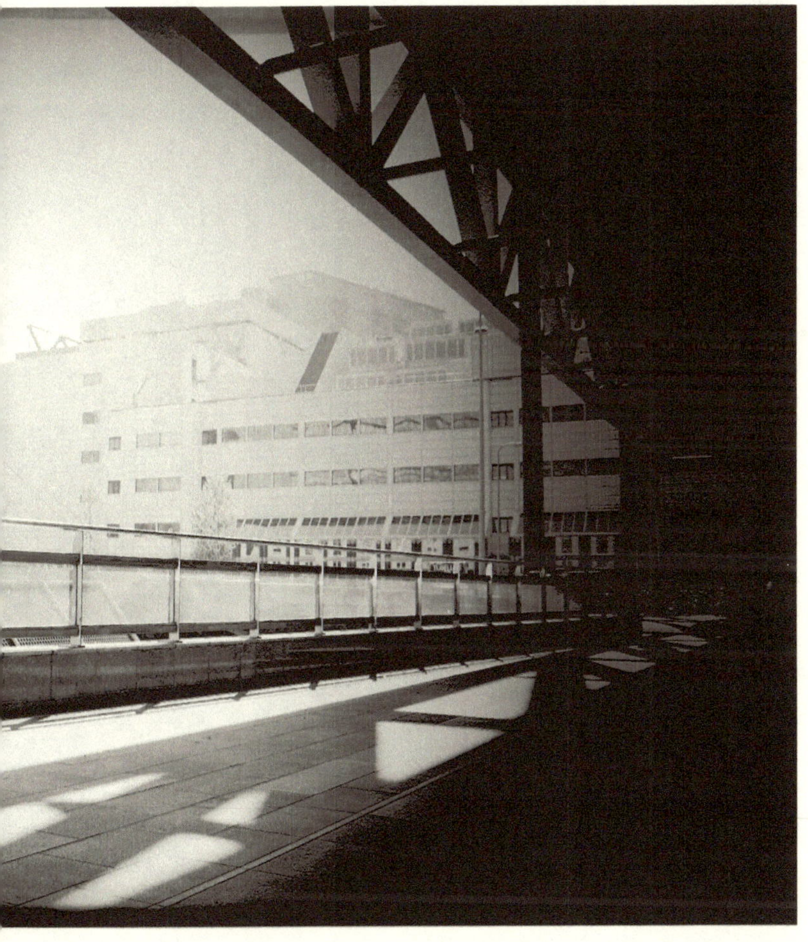

APP JE ME EVEN ...
NIET?

Weet je wat het is?
Weet je wat ik heb?
Gewoon een beetje stress
van dat dagelijkse k** ge-app.

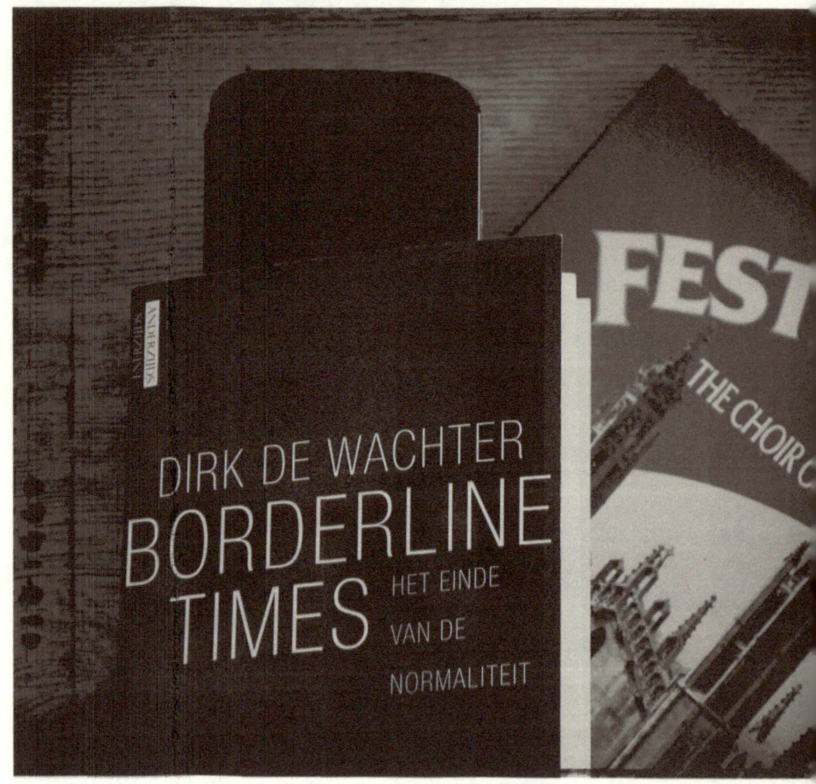

Ik zit liever rustig thuis
met een boek of een elpee.

Kom eens gezellig langs,
zie ik je lief gezicht ook nog eens
bij de koffie of de thee.

ZWART
SCHAAP

Ik heb een zwak voor het zwarte schaap
Hij springt direct in het oog
Bekent openlijk kleur
Heeft van zichzelf iets van de regenboog.

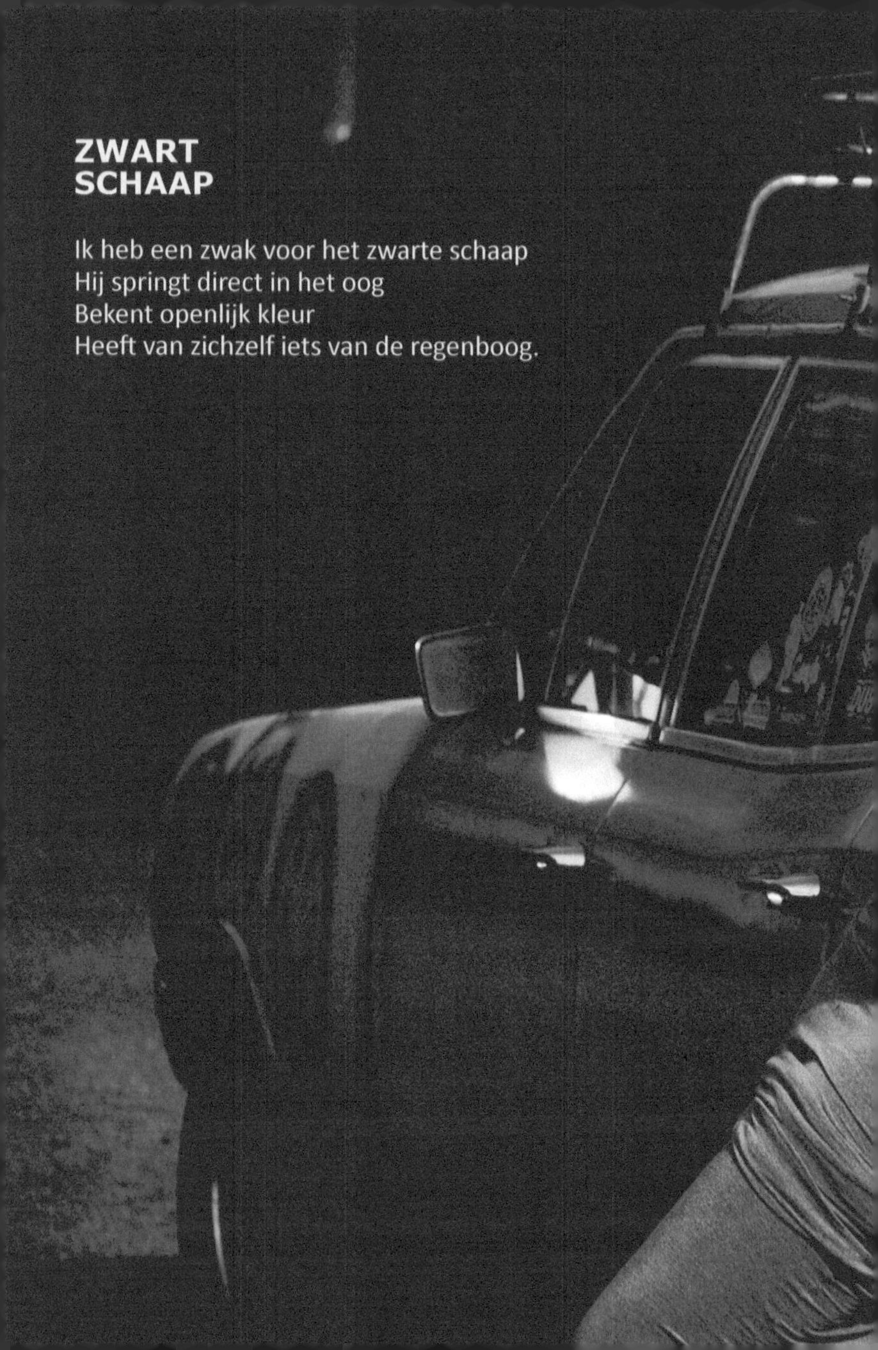

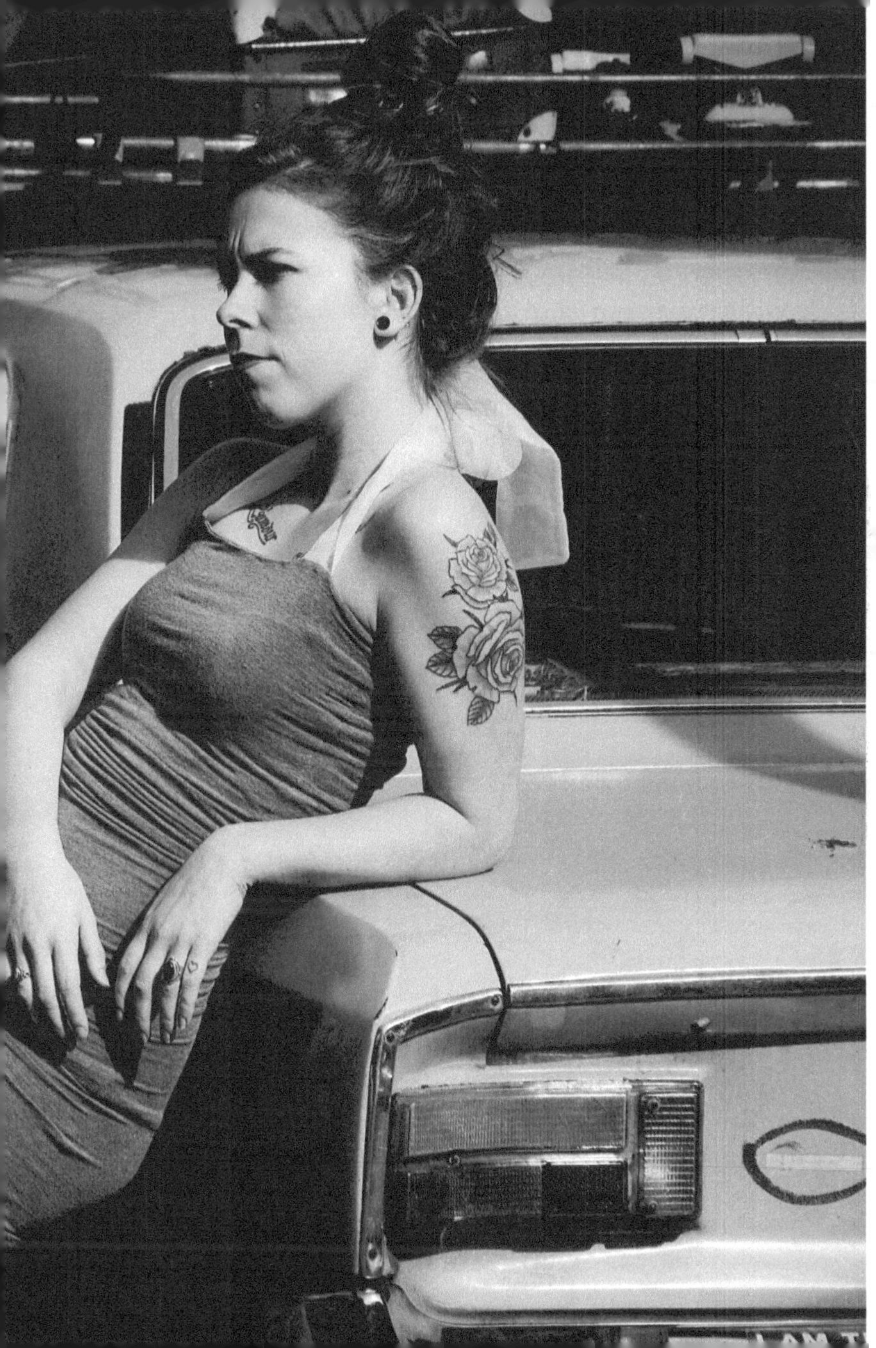

WIJZE
LEVENSLESSEN

Het is slechts mijn observatie:
uit diverse vormen frustratie
ontstaat vaak een flinke dosis inspiratie.

Geef dus ruimte in je leven
voor her en der wat ongemakken
Ik weet zeker dat je er achteraf
de lessen wel voor jezelf uit zult pakken.

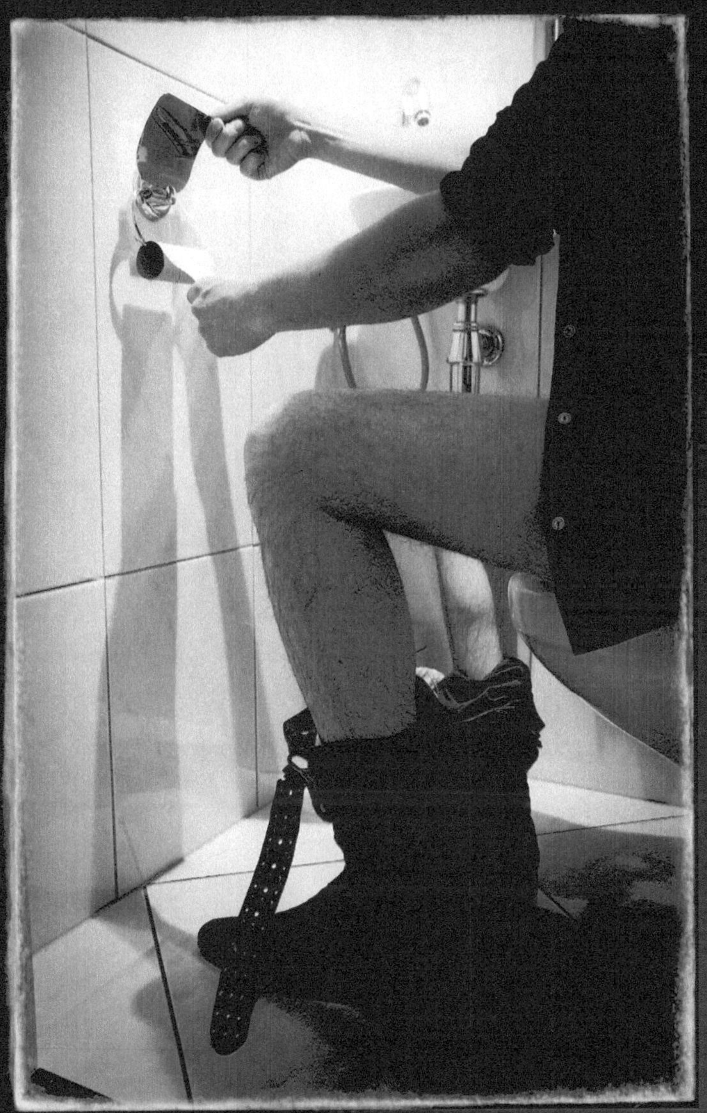

HET IS GELUKKIG
NIET BEWOLKT
VANDAAG

De lamp kapot
Een donkere kamer
Het is gelukkig niet bewolkt vandaag

Ik ben verrot
Door de man met de hamer
Het is gelukkig niet bewolkt vandaag

Goudvis verdronken
Toets weer niet gehaald
Het is gelukkig niet bewolkt vandaag

Ik word grijs
Mors koffie over mijn broek – stink de hele dag
Het is gelukkig niet bewolkt vandaag

Ga je met me mee?
Fietsen naar de duinen?
Misschien rijden we in zee
Blijven daar naar de liefde struinen
Het is gelukkig niet bewolkt vandaag

Weet je waar ik zin in heb?
Al m'n rotzooi te verkopen –
Alle narigheid uit mijn verleden
ALLES IN DE AANBIEDING!
Het is gelukkig niet bewolkt vandaag

O, dan heb ik al snel heel wat meer te besteden
Het is gelukkig niet bewolkt vandaag

Ik heb stress
Ren van het een naar het ander
Een leven van 'ren je rot'
Het is gelukkig niet bewolkt vandaag

Geen drank meer in de fles
En ook geen appelsap
Of melk
Of water uit de kraan
Het is gelukkig niet bewolkt vandaag

De kinderen luisteren niet
Ik zou ze willen meppen
Kijk even weg
Het is gelukkig niet bewolkt vandaag

Al die mensen
Die over onzin zitten te kleppen
Het is gelukkig niet bewolkt vandaag

Het is gelukkig niet bewolkt vandaag

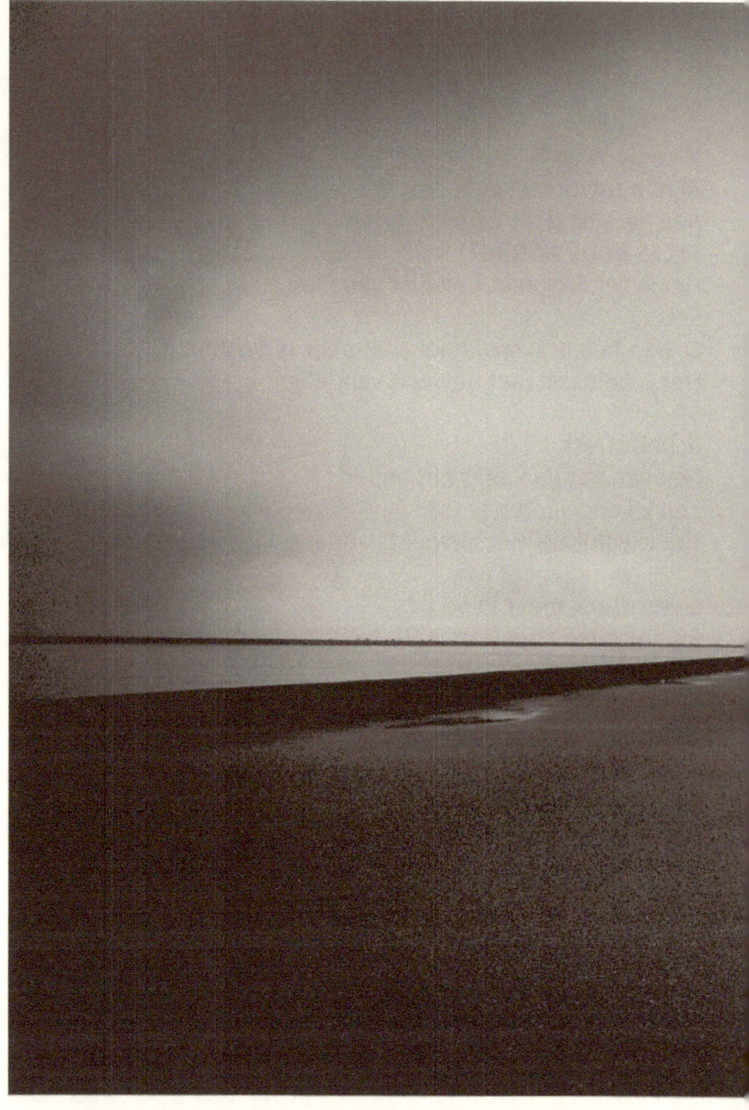

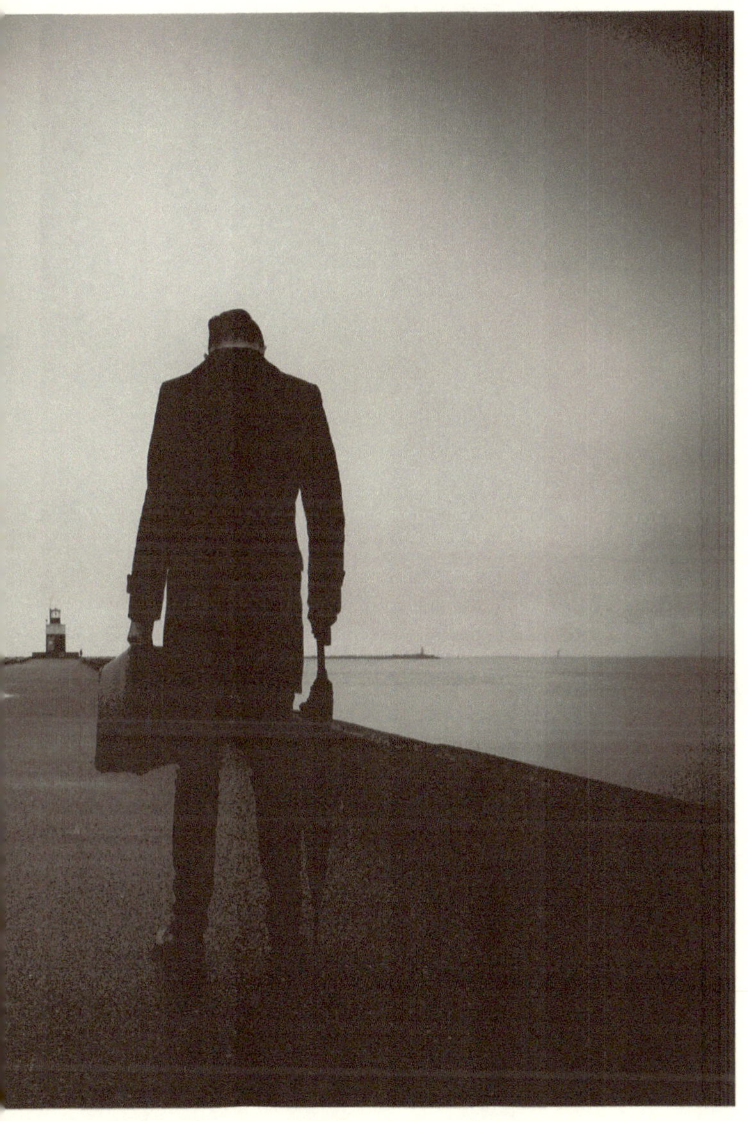

Het is gelukkig niet bewolkt vandaag

Het is gelukkig niet bewolkt vandaag

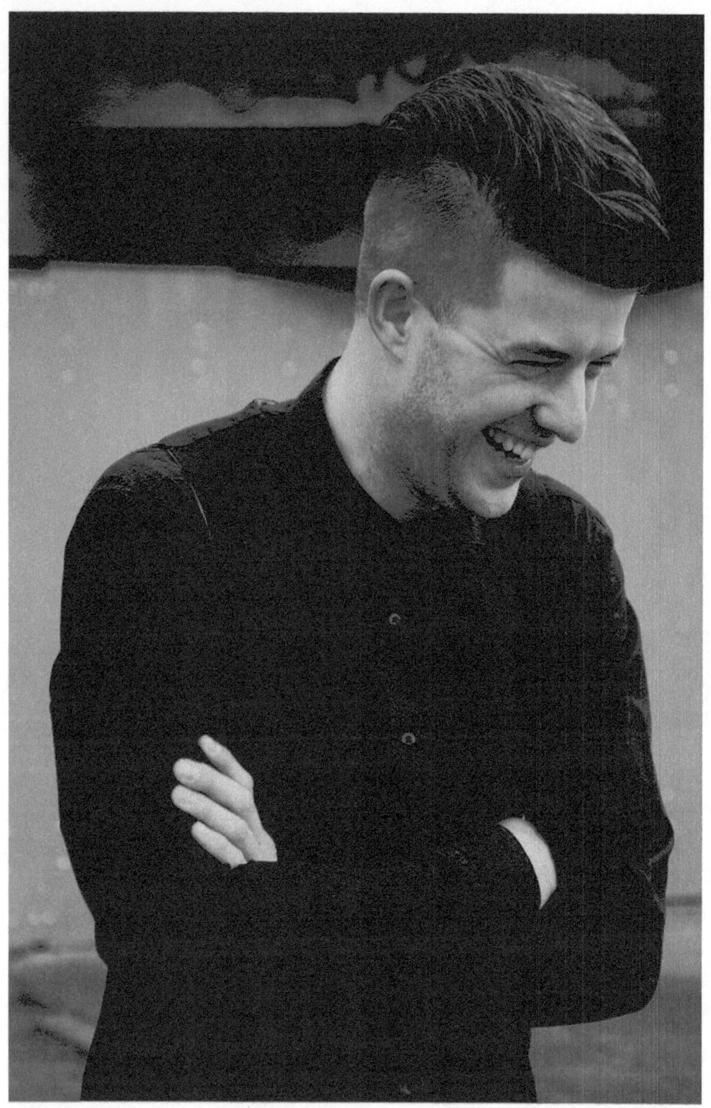

Kijk naar de zonzijde
Ook al wacht er straks een regenbui
Benoem eens de positieve dingen van de afgelopen tijden
Stap met je dikke buik naar buiten zonder trui

Leef, doe gek, ga uit je dak, doe iets onverwachts
Mens, wees toch eens ook naïef of goedgelovig als een kind
Probeer eens te doen als een vogel
Die zichzelf neer weet te leggen op de wind

Vergeef jezelf óók als het niet lukt
Oefen het gewoon nog een keer
Als je leert
Iedereen heeft tegenslagen
Dat is toch ook niet verkeerd?

Want:
Het leven is niet wachten tot de storm gaat liggen
Je kunt er pas écht goed tegen
Als het buiten flink bewolkt is
En je weet hoe je moet dansen in de regen

DANKWOORD

Nu ik mijn vingers positioneer om woorden van dank te uiten richting jullie, overvalt mij een overweldigend geluksgevoel en een tinteling van dankbaarheid, zo dichtbij als mijn slagader. Dit project is zoveel grootser en mooier geworden dan ik ooit voor mogelijk hield toen ik een jaar geleden de pen ter hand nam en – het moet eerlijk gezegd – voor mijn gevoel een paar lullige versjes schreef.

Het maken van deze bundel en zeker van alle foto's en filmpjes deed mij inzien wat voor een ongelooflijk voorrecht het is om te zijn wie ik ben en met wie ik ben. Mede daarom is er ongemerkt ook veel veranderd in mezelf op het gebied van zelfvertrouwen, lotsbestemming en passie. Ik ben hier enorm in gesteund en bijgestaan door tal van vrienden, familieleden, collega's en nieuwe kennissen. Ik wil dan ook wat mensen in het bijzonder via deze bladzijden in het zonnetje zetten, omdat zij in mijn hart wilden wonen en ik dat mocht in dat warme hart van hen.

Allereerst kan ik er niet omheen om mijn uitgever Jeroen Bakker te bedanken. Eerder had ik de eer om 't voorwoord in zijn bundel *Verloren Uurtjes* te schrijven. Nu, zes jaar later, kom ik met mijn bundel uit bij zijn uitgeverij. Jeroen, ik wil je bedanken voor je vertrouwen, je beschikbaarheid als vriend en voor alle interessante kansen die je me in de loop van de tijd hebt gegeven. Ieder project met jou vind ik een groot feest. Hopelijk komen er nog vele.

Natuurlijk wil ik ook mijn ouders en zusje bedanken voor een fijne en warme omgeving waar ik altijd welkom ben, met of zonder vuile was en met of zonder gebroken hart. In dat kader bedank ik ook mijn oma, de familie Waasdorp en andere familieleden voor wie exact hetzelfde geldt.

Een heleboel mensen hebben meegelezen met de versjes. Sommigen hebben meegeholpen bij het *kill your darlings*-principe: het wegstrepen van dierbare versjes waar in deze bundel geen plaats voor was. Anderen gaven mij technische aanwijzingen of hun enthousiasme door. Het was mooi om te horen en mee te maken. Daarom bedank ik Anneke Klijn, Eline Dijkerman, Mirte van der Graaf, Esther van der Heide en Erwin Steenkamp. Vooral bedankt voor jullie diepgaande en vrijgevige vriendschap, waarvan ik wil dat jullie weten dat ik die koester.

Ik kan er niet omheen om twee lieve vriendinnen in het bijzonder te bedanken: Yvette Proost en Amber Lattmann. Met hen organiseer ik ontwikkelingswerk voor COP Indonesië. Tijdens ieder autoritje van dorp naar dorp hebben zij naar alle goede en slechte versjes geluisterd die ik tijdens de tijd in Indonesië schreef. Het was een waardevolle tijd en een liefdevolle oefening. Bedankt voor jullie luisterend oor en het zijn van trouw publiek!

Ik heb een aantal uitstekende mentoren en raadgevers in dit leven. Twee zijn er nog niet genoemd: Jos Settels en Gerard Korver. Onze momenten van samenkomst zijn een verrijking voor hart, brein en vooral ziel. Dank, heren, hiervoor.

Ik bedank uiteraard ook Olof Wessels en Monique Elsing . Hoe kunnen woorden zeggen wat ik ervaar in jullie bijzijn? Monique maakt me altijd aan het lachen, we leven, ontdekken en knoeien er samen op los. Olof, je creativiteit en nuchterheid zijn – ook als ik even spookrijd – verademend. Vriendschap en warmte overstijgt een verschil in leeftijd, blijkt bij ons. Dank voor jullie vertrouwen, zin, levenslust en het feit dat ik zo ongenadig vol mocht genieten van jullie energie en creativiteit. Jullie zijn en blijven altijd welkom. Ik hoop dat ik de samenwerking niet lang zal hoeven missen en dat we snel weer wat moois creëren met elkaar.

Tot slot dank ik alle modellen die worden genoemd op de volgende bladzijden. Hyun dank ik voor onze lange periode van onvoorwaardelijke vriendschap en aanwezig blijven. Hem die ik niet noem in de bundel dank ik ook en niet alleen vanwege groei, bloei en snoei.

En tot slot bedank ik Thomas: hij die mij zo lief lief heeft dat ik ook kan beginnen te houden van wat *hij* ziet.

PER VERS
DE MODELLEN
(DUS NIET PERVERS)

In volgorde van verschijnen

Innerlijke vete
Remy Tilburg

De schoolmeester
In volgorde van links naar rechts:
Vincent Elsing, Monique Elsing, Ingeborgh Elsing, Kiki Elsing, Mirre de Vries, Rikje Elsing, Karel Elsing. Hoofdrolspeler: Sepp Elsing

Bij papa
Doménique Kroon

Onderweg naar Groningen
Abdel El Karicha

Redder in de nacht
Oma (Bep Blinkhof)

Waarheid als een koe
Bob Blinkhof

Arikato
Hyun Visser

Alsof
Amber Lattmann

Leven na de dood & Jezus leest Bijbel
Marc van de Rakt

En toch hou ik van je
Yvette Proost en Sander Huttenhuis

Smeekbede
Naam onbekend

Posities
In volgorde van links naar rechts:
Erwin Steenkamp, Stephanie Geertsma, Joyce Overkleeft, Diana Waasdorp, Corrie Busing, Lianne Koper, Maus Granaat, Barbara Krook, Esther van der Heide, Melissa Verburg, Bob Blinkhof, Yvette Kroon, Faithlinn Schoorl, Ella Waasdorp - Van Dijk, Yvon Schoorl, Timo van der Gracht, Wim Schoorl, Dolly Schoorl, Patty Blinkhof

Oprecht alleen zijn
Gerard Korver en Maria Stolk

Doe maar zonder
Dylan Roest

Lichtbrengen
Koor 'Musical Sound'

Vrije tijdsbesteding
Silvia Pie en mama (Sandra Blinkhof)

OVER
DE DICHTER

Bob Blinkhof wordt in 1989 gebo-
ren in Heemskerk en groeit op in
een liefdevol gezin bij – een zeld-
zaamheid deze dagen – vader en
moeder. Als zijn zusje hierna ge-
boren wordt, is het gezin com-
pleet. Bob maakte een grillige
schooltijd door, waar hoogte- en
dieptepunten elkaar afwisselden.

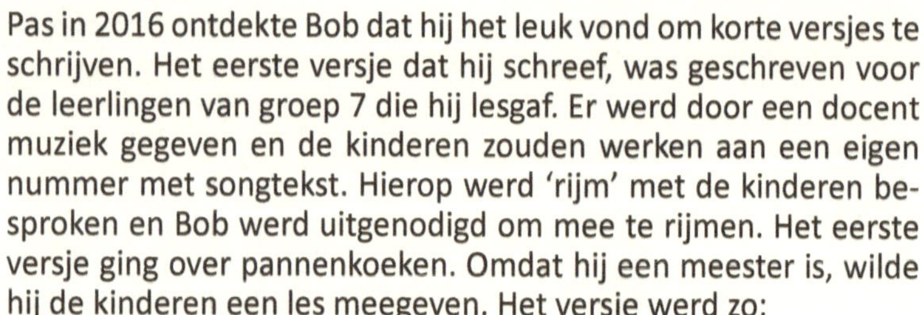

Al op de middelbare school was Bob
bezig met het schrijven van korte en
langere verhalen en was hij altijd be-
zig met acteren en presenteren. In
2012 kwam de eerste versie van zijn Indonesische taalmethode
Viva Indonesia! uit.

Pas in 2016 ontdekte Bob dat hij het leuk vond om korte versjes te
schrijven. Het eerste versje dat hij schreef, was geschreven voor
de leerlingen van groep 7 die hij lesgaf. Er werd door een docent
muziek gegeven en de kinderen zouden werken aan een eigen
nummer met songtekst. Hierop werd 'rijm' met de kinderen be-
sproken en Bob werd uitgenodigd om mee te rijmen. Het eerste
versje ging over pannenkoeken. Omdat hij een meester is, wilde
hij de kinderen een les meegeven. Het versje werd zo:

zie ik pannenkoeken
weet ik niet wat ik moet beslissen
spek, kaas, stroop of hagelslag
welke keuze is er goed?
als ik het één kies, zal ik al het andere moeten missen

Dit eerste versje was de start van een nieuwe passie.

Naast het schrijven en lesgeven op de basisschool is Bob bege-
leider van een ontwikkelingsproject voor Nederlandse studenten
en dorpelingen in Indonesië (COP Indonesië). Studenten worden
door hem en zijn team gestimuleerd om het beste uit zichzelf en
de dorpsomgeving van dorpelingen in Mojokerto op Oost-Java te
halen.

Bob is daarnaast coach met een eigen praktijk aan huis en advi-
seur en begeleider bij onderwijsgerelateerde zaken. Het titelge-
dicht is daarom niet zomaar toevallig geschreven. Het uitgangs-
punt van Bob bij de coaching van de ander op het gebied van
groei, snoei en bloei gaat nu net om de laatste regels:

Want:
Het leven is niet wachten tot de storm gaat liggen
Je kunt er pas écht goed tegen
Als het buiten flink bewolkt is
En je weet hoe je moet dansen in de regen

Kijk voor meer informatie over de schrijver, zijn ontwikkelingen of
boekingen op de website:

www.bobblinkhof.nl.

OVER
DE FOTOGRAAF

Olof Wessels studeerde fotografie aan de Koninklijke Academie van Beeldende Kunsten in Den Haag. Als fotograaf doet hij diverse projecten en werkt hij vooral met modellen. Hij levert prachtig werk.

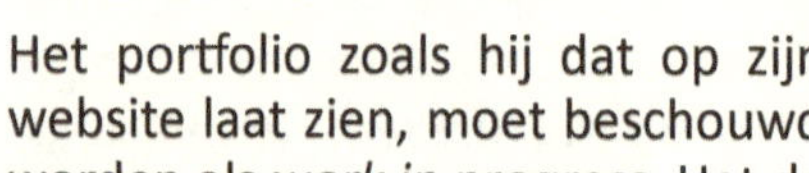

Het portfolio zoals hij dat op zijn website laat zien, moet beschouwd worden als *work in progress*. Het doel dat hij met zijn werk heeft is om continu te verbeteren.

Stijl, emotie en samenhang zijn de belangrijkste elementen in zijn fotografie. Olof vindt het de kunst om tussen die drie elementen de juiste balans te vinden.

Kijk verder op: www.olofwessels.com.